Berliner Schriften zur Stadt- und Regionalplanung

herausgegeben von

Univ.-Prof. Dr.-Ing. habil. Stephan Mitschang

Band 48

Stephan Mitschang (Hrsg.)

Neuregelungen für Windenergieanlagen

Anforderungen an die Raumordnungs- und Bauleitplanung

Nomos

Onlineversion
Nomos eLibrary

Die Deutsche Nationalbibliothek verzeichnet diese Publikation in der Deutschen Nationalbibliografie; detaillierte bibliografische Daten sind im Internet über http://dnb.d-nb.de abrufbar.

ISBN 978-3-7560-0804-9 (Print)

ISBN 978-3-7489-1558-4 (ePDF)

Die Bände 1-31 dieser Reihe sind im Peter Lang Verlag erschienen.

1. Auflage 2023

Vorwort

Die Zulässigkeit von Windenergieanlagen sowie auch die Möglichkeiten ihrer planerischen Steuerung waren bis zum 1. Februar 2023 in § 35 Abs. 1 Nr. 5 und Abs. 3 BauGB geregelt. Windenergieanlagen waren hiernach im Außenbereich privilegiert. Gleichzeitig ist den Gemeinden die Möglichkeit zur räumlichen Steuerung von Windenergieanlagen (sog. „Planvorbehalt") zur Verfügung gestellt worden, um einer befürchteten Zersiedlung der Landschaft entgegenwirken zu können. Erfolgen sollte dies mittels der Ausweisung von „Windenergieflächen" oder „Konzentrationszonen" in Flächennutzungs- und/oder Regionalplänen. Hierdurch bestand für die Planungsträger die Möglichkeit, Windenergieanlagen standortmäßig in der Gemeinde oder der Region zu verorten und außerhalb der so ausgewiesenen Gebiete, ihre Errichtung auszuschließen (sog. „Ausschlussfunktion"). In der Planungspraxis war der Versuch, eine räumliche Steuerung der Windenergieanlagen vorzunehmen von vorneherein mit vielen Schwierigkeiten verbunden. Hinzu kamen die Anforderungen der Rechtsprechung an die Aufstellung von Windenergiekonzepten als planerische Grundlage für die zu treffenden Abwägungsentscheidungen. Zur Stärkung der erneuerbaren Energien war eine Neustrukturierung der Vorschriften für die planerische Ausweisung von Windenergieflächen erforderlich geworden, die durch das Wind-an-Land-Gesetz eingeleitet wurde und neue Anforderungen an die planerische Steuerung von Windenergieanlagen enthält. Erforderlich wurde dies vor dem Hintergrund eines schleichenden Rückgangs bei der Zulassung neuer Windenergieanlagen auf der einen Seite und dem zunehmenden Erfordernis, angesichts des aktuell stattfindenden Krieges Russlands gegen die Ukraine und dem damit verbundenen teilweisen Gaslieferungsstopp, den Ausbau erneuerbarer Energien zu stärken. Mit den seit 1. Februar 2023 geltenden Vorschriften des neuen Wind-an-Land-Gesetzes, ergänzt um erweiterte Bestimmungen, insbesondere im BauGB, hat der eingeforderte Regimewechsel in Bezug auf die Zulassung und planerische Steuerung von Windenergieanlagen nunmehr stattgefunden. Einen maßgeblichen Beitrag zur Reduzierung der energetischen Defizite soll auch die Windenergie leisten.

Die Planungspraxis hat mittlerweile damit begonnen, den neu ausgestalteten Vorschriften Rechnung zu tragen, trifft dabei aber allenthalben auf neue Fragestellungen. Der Grund hierfür liegt in der Komplexität des neu geschaffenen Regelungsrahmens, der für die Zulassung und planerische Steuerung von Windenergieanlagen sachgebietsübergreifende Kenntnisse verlangt, insbesondere der einschlägigen Regelungen des Bauplanungs-, Bauordnungs-, Umwelt- sowie des Erneuerbare-Energien-Rechts, die im erforderlichen Maße weder bei den Planungsträgern von Raumordnungs- oder Bauleitplanungen noch bei den Genehmigungsbehörden vorhanden sind.

Mit dem hier vorliegenden Tagungsband wird das Ziel verfolgt, eine an die Fragestellungen der Planungspraxis angelehnte Darstellung des nunmehr der Genehmigung und planerischen Steuerung von Windenergieanlagen zugrundeliegenden Regelungsgeflechts zur Verfügung zu stellen. Dieser Aufgabe wurde im Rahmen der am 20. und 21. März 2023 an der Technischen Universität Berlin stattgefundenen Wissenschaftlichen Fachtagung mit dem Thema „Neuregelungen für Windenergieanlagen – Anforderungen an die Raumordnung und Bauleitplanung“ nachgegangen. Die schriftlich ausgearbeiteten Vorträge umfassen eine inhaltliche Betrachtung der gegenwärtig bedeutsamen Neuregelungen des Wind-an-Land-Gesetzes, des BauGB, des ROG, des BNatSchG, sowie entsprechender Übergangsregelungen und der auf Landesrecht beruhenden Regelungen, ergänzt um Berichte zum Sachstand in den Bundesländern Berlin, Brandenburg und Nordrhein-Westfalen, auch unter Berücksichtigung von Rechtsschutzfragen.

Berlin im Juni 2023

Universitätsprofessor Dr.-Ing. habil. Stephan Mitschang
Institut für Stadt- und Regionalplanung der TU Berlin
Fachgebiet Städtebau- und Siedlungswesen
- Orts-, Regional- und Landesplanung –
Hardenbergstraße 40 a
10 623 Berlin

Inhaltsverzeichnis

Das-Wind-an-Land-Gesetz und weitere Novellen – zur aktuellen Gesetzgebung im Bauplanungsrecht

Von Dr. Jörg Wagner[1]

I Einleitung

Das Wind-an-Land-Gesetz und auch die anderen aktuellen Novellen zum Bauplanungsrecht unterstützen den Ausbau der erneuerbaren Energien. Der Weltklimarat fordert die Politik dazu auf und macht es dringlich, schnell etwas gegen die zunehmende Erderwärmung zu tun.[2] In den nachfolgend beschriebenen Novellen ging es also darum, die Rahmenbedingungen zu schaffen, dass in Deutschland ab dem Jahr 2045, also in 22 Jahren, klimaneutral gelebt und gewirtschaftet werden kann. Insbesondere der Nutzung der Wind- und der Solarenergie wird vermutlich eine hervorgehobene Rolle zukommen, während die Nutzung von Biomasse eher in einer Nische bleiben wird. Unklar ist derzeit, welche Bedeutung Wasserstoff als Speichermedium für Energie zukommen wird.

Politischer Ausgangspunkt der Novellen war die Vorgabe des Pariser Klimaschutzabkommens von Herbst 2015: Die Erderwärmung ist danach im Vergleich zum vorindustriellen Zeitalter auf "deutlich unter" zwei Grad Celsius zu begrenzen, mit Anstrengungen für eine Beschränkung auf 1,5 Grad Celsius. Zugleich fordert das Abkommen, die Fähigkeit zur Anpassung an den Klimawandel zu stärken.[3] Das Bundesverfassungsgericht griff dies in seinem Beschluss aus dem Frühjahr 2021[4] auf und leitete diese Verpflich-

1 Der Verfasser leitet im Bundesministerium für Wohnen, Stadtentwicklung und Bauwesen die Unterabteilung Stadtentwicklungspolitik. Der Beitrag ist auf dem Stand Anfang Mai 2023.

2 Zitiert in Tagesschau online vom 20.3.2023: "Die Klima-Zeitbombe tickt".

3 Fundstelle auf der Homepage des Bundesministeriums für Wirtschaft und Klimaschutz: Bei der UN-Klimakonferenz in Paris (Frankreich) im Dezember 2015 einigten sich 197 Staaten auf ein neues, globales Klimaschutzabkommen. Das Abkommen trat am 4. November 2016 in Kraft, nachdem es von 55 Staaten, die mindestens 55 Prozent der globalen Treibhausgase emittieren, ratifiziert wurde. Mittlerweile haben 180 Staaten das Abkommen ratifiziert (Stand September 2018), darunter auch die Europäische Union (EU) und Deutschland (Ratifikation am 5. Oktober 2016).

4 BVerfG, Beschluss des Ersten Senats vom 24.3.2021 - 1 BvR 2656/18 -, Rn. 1-270.

tung zugleich auch direkt aus dem Grundgesetz ab. Art. 20a GG verpflichte den Staat kurzfristig zum Klimaschutz und auf die Herstellung von Klimaneutralität. Dieser Vorgabe folgte der Bundesgesetzgeber mit der Überarbeitung des Klimaschutzgesetzes im Sommer 2021 (BGBl.).[5] Mit der Änderung des Klimaschutzgesetzes verschärfte er die bisherigen Klimaschutzvorgaben und verankerte das Ziel der Treibhausgasneutralität bereits bis 2045. Schon bis 2030 sollen die Emissionen um 65 Prozent gegenüber 1990 sinken.

Die Vorgaben der Koalitionsvereinbarung vom November 2021 nahmen diese Entwicklungen auf:[6] „Wir machen es zu unserer gemeinsamen Mission, den Ausbau der Erneuerbaren Energien drastisch zu beschleunigen und alle Hürden und Hemmnisse aus dem Weg zu räumen. Für die Windenergie an Land sollen zwei Prozent der Landesflächen ausgewiesen werden. Die nähere Ausgestaltung des Flächenziels erfolgt im Baugesetzbuch. Unser Ziel für den Ausbau der Photovoltaik (PV) sind ca. 200 GW bis 2030. Auch innovative Solarenergie wie Agri- und Floating-PV werden wir stärken und die Ko-Nutzung ermöglichen. Die Bioenergie in Deutschland soll eine neue Zukunft haben. Wir werden uns für eine flächendeckende kommunale Wärmeplanung und den Ausbau der Wärmenetze einsetzen. Wir streben einen sehr hohen Anteil Erneuerbarer Energien bei der Wärme an und wollen bis 2030 50 Prozent der Wärme klimaneutral erzeugen."

Im Februar 2022 überfiel Russland dann die Ukraine. Der Krieg führte dazu, dass über die Zeit eine Million Flüchtlinge nach Deutschland kamen. Damit wurde die Nutzung erneuerbarer Energien nochmals dringlicher, Deutschland als Partner der Ukraine will unabhängig vom russischen Gas werden.

Klimaschutzgesetz und Ukraine-Krieg zeigten aber auch die Schwächen der kommunalen Planungshoheit, wie sie derzeit im Baugesetzbuch angelegt ist, auf. Bauleitplanverfahren mit einer Dauer von bis zu zwei Jahren erweisen sich als deutlich zu langsam, mit diesen Umbrüchen und den nun geforderten Entscheidungen zugunsten erneuerbarer Energien umzugehen. Der Bund trat daher selbst mit einer schnellen Abfolge von Novellen des Baugesetzbuchs in die Entscheidungsfindung ein und übersteuerte an vielen Stellen die kommunale Planungshoheit. Er sah sich als legitimiert an,

5 Vom 30.8.2021, BGBl. I S. 3905.
6 Koalitionsvereinbarung S. 44.

so zu handeln, aufgrund eines von ihm angenommenen gesamtstaatlichen Interesses.

Die Gesetzgebung zum Baugesetzbuch erfolgte allerdings iterativ, d. h. sie folgte zwar den politischen Vorgaben der Koalitionsvereinbarung, aber keinem daraus abgeleiteten übergeordneten Plan. Es ging bei allen Novellen vorrangig darum, so schnell wie möglich von fossilen Energieträgern unabhängig zu werden und so kurzfristig wie möglich mittels erneuerbarer Energien den CO_2-Verbrauch zu reduzieren. Gleichzeitig wurde nach Wegen gesucht, den durch die Flüchtlinge verstärkt unter Druck geratenen Wohnungsmarkt durch Beschleunigung der Verfahren anzukurbeln.

Diese Notsituation veränderte den Prozess der Gesetzgebung. Übliche Beteiligungsabläufe im Gesetzgebungsprozess wurden durch kurzfristig erstellte Formulierungshilfen des Städtebauministeriums, erbeten für die parlamentarischen Beratungen im Bundestag, ersetzt. Diese Verkürzung erhöhte aber die Anfälligkeit der Gesetze für Fehler, und der Bedarf an Nachbesserungen im Baugesetzbuch stieg enorm an. Kaum war eine Novelle im Bundesgesetzblatt veröffentlicht, gab es mit der nächsten Novelle bereits eine Korrektur. Noch ist nicht zu erkennen, ob diese zahlreichen, sich überholenden Änderungen des Baugesetzbuchs bei den Anwenderinnen und Anwendern ankommen und diese nicht bald schon ob ihrer Fülle überfordern könnten.

Es bedarf daher wohl einer Gesamtbetrachtung aller Änderungen und einer nochmaligen Bereinigung des Baugesetzbuchs. Aufgabe dieser kritischen Betrachtung sollte es sein, die verschobenen Grenzen zwischen kommunaler Planungshoheit und Staatszielbestimmung Umweltschutz, aber auch die gebotene Verschränkung mit dem Sozialstaatsprinzip zu analysieren und gegebenenfalls neu auszubalancieren. Dies schließt neben gesetzlichen Privilegierungen von Anlagen für erneuerbare Energien im Außenbereich und einfachen kommunalen Planungsverfahren für erneuerbare Energieträger, dem Schutz vor Umweltkatastrophen wie Überschwemmungen und Dürre auch ganz praktische Fragen aus der Bevölkerung zur technischen Machbarkeit, etwa zur Förderung von Wärmepumpen und zur Dämmung von alten Wohnhäusern, aber auch Fragen zur sozialen Gerechtigkeit angesichts des Bedarfs an Unterkünften sowohl für ärmere Bevölkerungsschichten wie auch für Flüchtlinge mit ein. Um hier eine Balance zu erreichen, bedarf es der Rückkehr von der derzeit dringlichen zu einer wieder auf langfristige Ziele ausgerichteten Gesetzgebung. Am Ende sollte das Baugesetzbuch so ausgestaltet sein, dass Deutschland angesichts Klimawandels und Ukraine-Kriegs handlungsfähig und damit resilient wird, zugleich aber die kommunale Planungshoheit in ihrem Kerngehalt erhalten bleibt. Möglicherweise können hier die Erkenntnisse der neuen Verhaltenspsychologie unterstützen: Wo ist weiterhin schnelles Handeln zugunsten der Zulassung erneuerbarer Energien und wo ist dagegen ein besonnenes Nachdenken zum Umgang mit den Folgen des Klimawandels und zur Umwelt- und sozialen Gerechtigkeit geboten?

II Das Wind-an-Land-Gesetz und seine kurzfristigen Ergänzungen

Die erste dringliche Windnovelle im Baugesetzbuch erfolgte viel früher als vermutlich gedacht, nämlich bereits im Jahr 1996.[7] Das Bundesverwaltungsgericht hatte zwei Jahre vorher entschieden, dass Windenergieanlagen auf der Grundlage des damaligen Rechts nicht im Außenbereich privilegiert seien. Also ging es darum, eine solche kurzfristig in das Baugesetzbuch einzufügen. Die streitigen Diskussionen im federführenden Bauausschuss, am Ende unter Einbeziehung von fachlichem Rat aus dem Bundesverwaltungsgericht, führten schließlich zu dem neuen Konstrukt, dass eine solche Privilegierung zwar wohl zu regeln sei, diese durch die Regionalplanung oder Flächennutzungsplanung aber auf bestimmte Zonen konzentriert werden sollte. Mit dieser damals neuen Form der Negativplanung sollten eine „Verspargelung" des Außenbereichs und damit Konflikte mit der Bevölkerung vermieden werden.

Und dieses aus der damaligen Not geborene Konzept einer „Negativplanung" funktionierte über 20 Jahre. Bis schließlich die Proteste der Bevölkerung gegen die zahlenmäßig zunehmenden und immer größer werdenden Windenergieanlagen zunahmen. Erste Länder erließen zur Befriedung Abstandsregeln zur nächsten Wohnbebauung. Die Rechtsprechung arbeitete dagegen ganz gegensätzlich heraus, dass die vom Gesetzgeber 1996 vorgenommene Privilegierung trotz aller Proteste zumindest in ihrer rechtlichen Substanz erhalten bleiben müsse. Diese Widersprüche und auch die erschwerten Ausschreibeverfahren machten die Planung der Anlagen zunehmend komplizierter. Die Folge war, dass der Ausbau der Windenergie in den dafür zuständigen Ländern mehr und mehr zum Erliegen kam.

---

7 Vom 30.7.1996, BGBl. I S. 1189.

Ein Impulspapier des Sachverständigenrates für Umweltfragen schlug daher ein Flächenziel von 2 % des Bundesgebiets für die Windkraft vor.[8] Diesen Vorschlag griff die Koalitionsvereinbarung 2021 auf.[9] Das gemeinsame Umsetzungskonzept des Wind-an-Land-Gesetzes von Wirtschafts- und Städtebauministerium vom März 2022 sah hierfür zwei Artikel vor: Artikel 1 sollte ein neues Gesetz zur Festlegung der Flächenbedarfe für Windenergieanlagen in den Ländern schaffen, in Artikel 2 sollte die 1996 in das Baugesetzbuch eingeführte „Negativplanung" durch eine „Positivplanung" ersetzt werden. Verbunden werden sollte dies mit der „Ankündigung" einer uneingeschränkten Privilegierung von Windenergieanlagen, falls Länder und Kommunen die auf sie heruntergebrochenen Teil-Flächenziele nicht zu den vorgegebenen Stichtagen in 2027 und 2032 erreichen sollten. Der Bund wollte so mit dem Wind-an-Land-Gesetz „Top down" Druck auf die Regionalplanung und die kommunale Flächennutzungsplanung ausüben, Windenergieanlagen im Außenbereich wieder schneller zu ermöglichen.[10]

Sollten die Länder die ihnen vorgegebenen Flächenziele also wider Erwarten nicht rechtzeitig erreichen, sieht das Baugesetzbuch eine unbeschränkte Privilegierung von Windanlagen im Außenbereich vor. Diese „Drohung" mit einer Privilegierung soll Anreiz geben, die positive Regionalplanung und Flächennutzungsplanung für Windanlagen frühzeitig zu beginnen. Mögliche verbleibende Schranken im Falle des Eintritts der Privilegierung wären dann lediglich die im Baugesetzbuch selbst noch erwähnten entgegenstehenden Belange. Abstandsregelungen der Länder oder Pläne der Länder und Kommunen entfalteten dann keine gegensteuernde Wirkung mehr.

Bei dieser Umstellung auf das Gebot einer positiven Planung blieb es aber nicht allein. Ebenfalls im Baugesetzbuch erfolgten spezifische Überregelungen einer die Windplanung in Einzelfällen bisher auch einengenden Rechtsprechung zur optisch bedrängenden Wirkung. So wurde festgeschrieben, dass nachträgliche Befreiungen von Plänen zugunsten von mehr Windenergie möglich seien, wenn nicht mehr als 25 % des Plans dadurch geändert würden. Solche Detailregelungen sind dem Baugesetzbuch an sich fremd und sie erinnern an fachplanerische Vorgaben, welche die Planungs-

---

8 Impulspapier vom Oktober 2021: Klimaschutz braucht Rückenwind: Für einen konsequenten Ausbau der Windenergie an Land, S. 1: „Der SRU empfiehlt, 2 % der Fläche der Bundesrepublik Deutschland für die Nutzung von Windenergie an Land auszuweisen."

9 Koalitionsvereinbarung S. 44.

10 Vom 28.7.2022, BGBl. I S. 1353.

hoheit und eine einzelfallbezogene Rechtsprechung durch den Bundesgesetzgeber korrigieren sollen.

In einer kurzfristig nachfolgenden Novelle des Baugesetzbuchs, der kleinen Energienovelle, wurde auf Vorschlag des Wirtschaftsministeriums zudem vorgeschrieben, dass den Planungen ausschließlich GIS-Daten zugrunde gelegt werden sollen, um so seitens der Bundesregierung die erreichten Flächenwerte auch ganz genau nachvollziehen zu können. Aber auch das Städtebauministerium war nicht untätig und schlug in diesem Gesetz die nachfolgend noch vorgestellte Sonderregelung für erneuerbare Energien auf ausgekohlten Tagebauflächen vor. Anknüpfend an eine vom Wirtschaftsministerium nachgelegte Windstrategie schlug der Koalitionsausschuss im März 2023 schließlich optionale Abweichungsmöglichkeiten der Länder, aber auch der Kommunen vom Wind-an Land-Gesetz vor.[11] Die reservierte Reaktion der Länder war indes, das erst acht Wochen zuvor in Kraft getretene Wind-an-Land-Gesetz doch nun zunächst einmal wirken lassen.

III Die nachfolgenden BauGB-Novellen

Auch die nachfolgenden Novellen des Baugesetzbuchs hatten weiterhin zum Ziel, die Gewinnung von erneuerbaren Energien zu fördern, und zudem politisch aktuell erscheinende Bedarfe wie die Digitalisierung des Bauleitplanverfahrens und den beschleunigten Wiederaufbau im Ahrtal zu regeln.

11 Koalitionsausschuss vom 28.3.2023, S. 5: „Wind-Onshore: Gewerbe und Industrie brauchen mehr günstigen Windstrom. Dazu ist es erforderlich, kurzfristig zusätzliche Flächen für Windkraftanlagen an Land bereitzustellen. Dafür soll der Handlungsspielraum für Kommunen erweitert werden, indem die Kommunen auch dann Flächen für Windenergie ausweisen können, wenn die regionalen Planungen in ihrem Gebiet keine Windflächen vorgesehen haben. Zusätzlich soll eine flächenspezifische Außenbereichsprivilegierung für bestimmte besonders geeignete Flächen eingeführt werden. Auf diesen Flächen sollen Windenergieanlagen für die direkte Belieferung der benachbarten Unternehmen errichtet werden können, ebenso soll auch der Eigenverbrauch ermöglicht werden. Auch der Handlungsspielraum für Länder soll erweitert werden, wenn sie die allgemeine Außenbereichsprivilegierung vorziehen wollen (Länderöffnungsklausel)."

1. Die kleine Energienovelle und die Nutzung von Tagebauflächen für erneuerbare Energien

Die bereits erwähnte kleine Energienovelle sollte die Zulassung von Windenergieanlagen, aber auch die Zulassung von Photovoltaik-Anlagen auf ausgekohlten Tagebauflächen beschleunigen.[12] Vorbelastete Tagebauflächen, auf denen wenig Konflikte mit anderen Nutzungen zu erwarten sind, sollten also ohne Planungsverfahren vorrangig für die Stromgewinnung genutzt werden. Am Einfachsten wäre dies sicher mit einer räumlich auf die Tagebauflächen begrenzte Privilegierung dieser Anlagen für erneuerbare Energien zu erreichen gewesen.

Da durch eine solche Sonderregelung aber langjährig abgestimmte Renaturierungspläne der Länder überregelt würden, wurde auf eine unmittelbare Privilegierung dann doch verzichtet und vielmehr im Baugesetzbuch eine Ermächtigungsgrundlage geschaffen, aufgrund welcher die Länder ihrerseits mit einer Rechtsverordnung diejenigen Flächen im ehemaligen Tagebau eingrenzen sollen, in denen sie Windanlagen und Photovoltaik-Anlagen privilegiert zulassen wollen. Nachdem die Braunkohlentagebau-Länder im Bundesrat auf diese Initiative noch recht zurückhaltend reagierten, scheint sich ihre Haltung angesichts des zunehmenden Bedarfs an erneuerbaren Energien zu ändern. Gerade Unternehmen, die sich rund um die alten Tagebauflächen neu ansiedeln wollen, machen ihre Zusage vielfach davon abhängig, ob künftig eine Versorgung mit Wind- und Sonnenstrom von den Ländern gewährleistet werden kann.

2. Die kleine Energienovelle und Erweiterungen der Privilegierungen

Aus dieser zunächst auf den Tagebau begrenzten Regelung entwickelte sich eine umfassendere Privilegierung für Anlagen zur Erzeugung von erneuerbaren Energien. Zunächst wurde bereits im Regierungsentwurf der kleinen Energienovelle klargestellt, dass Elektrolyseure zur Erzeugung von Wasserstoff aus überschüssigem Windstrom im Außenbereich im Umfeld von Windanlagen errichtet werden dürfen. Ebenso wurde vorgeschlagen, die engen räumlichen Grenzen einer privilegierten Nutzung von Biomasse auszuweiten, um schon vorhandene Anlagen mit vorhandener Biomasse

12 Vom 4.1.2023, BGBl. I S. 1 (Gesetz zur sofortigen Verbesserung der Rahmenbedingungen für die erneuerbaren Energien im Städtebaurecht).

aus einem Umkreis von 50 km besser ausnutzen zu können. Da letztere Regelung besonders dringlich erschien, wurde sie abgetrennt und dem zeitlich drei Monate vorlaufenden Energiesicherungsgesetz im Wege einer Formulierungshilfe angefügt.[13]

Im parlamentarischen Verfahren zur kleinen Energienovelle wurde anstatt dessen überlegt, wie Photovoltaik-Anlagen auch allgemein im Außenbereich beschleunigt zugelassen werden könnten. Eine uneingeschränkte Privilegierung und der Verzicht auf jegliche Planung durch die Kommunen wurde vom Städtebauministerium als unvereinbar mit dem Schutz des Außenbereichs und der kommunalen Planungshoheit angesehen. Als Kompromiss wurde schließlich der schon beim Tagebau gewählte Ansatz der vorbelasteten Flächen aufgegriffen und daher 200 m breite Streifen entlang von Autobahnen und zweigleisigen Schienenwegen für den privilegierten Bau von Photovoltaik-Anlagen im Baugesetzbuch festgelegt.

Weitere Erleichterungen für die Ansiedlung von Anlagen zur Erzeugung erneuerbarer Energien wurden mit den Berichterstatterinnen und Berichterstattern im Städtebauausschuss zwar diskutiert, von diesen angesichts des hohen Abstimmungsbedarfs aber zunächst verworfen. Als sog. Restanten sollen sie nun im Rahmen der sich unmittelbar anschließenden Digitalisierungsnovelle beraten werden.

3. Die Digitalisierungsnovelle und der Pakt für Genehmigungsbeschleunigung

Während der Corona-Pandemie waren Bürgerinnen und Bürger mit elektronischen Stellungnahmen zu Bauleitplanverfahren gut zurechtgekommen. Das Städtebauministerium sagte dem Kanzleramt im Rahmen der im Jahr 2022 begonnenen Diskussion über einen „Pakt für Genehmigungsbeschleunigung“ deshalb zu, das Bauleitplanverfahren im Baugesetzbuch entsprechend anzupassen. Von den digitalen Verfahren erhofft sich die Bundesregierung eine Entlastung der Kommunen und damit eine Beschleunigung für den notleidenden Wohnungsbau. Weitere Elemente der Verfahrensbeschleunigung, die in dieser sog. Digitalisierungsnovelle aufgegriffen werden sollen, sind die Verkürzung der Genehmigungsfrist von Flächennutzugsplä-

13 Vom 8.10.2022, BGBl. I, S. 1726.

nen auf einen Monat und die Beschränkung einer erneuten Auslegung ausschließlich auf nachträglich geänderte Unterlagen.[14]

Darüber hinaus haben die Berichterstatterinnen und Berichterstatter die Novelle zum Anlass genommen, die Bund-Länder-Initiative zum Online-Zugangsgesetz im Bereich der Bauleitplanung aufzugreifen und sich intern darauf verständigt, die Standards dieses Gesetzes auch für die Bauleitplanverfahren vorzuschreiben, sofern sie ihrerseits von den Ländern für verbindlich erklärt wurden. Auch damit wird einer Vorgabe der Koalitionsvereinbarung entsprochen.[15]

4. Die Digitalisierungsnovelle und die erneuerbaren Energien im Innenbereich

Diese im Parlament noch diskutierte Digitalisierungsnovelle soll darüber die Vorschläge aufgreifen, die aus Zeitgründen in der kleinen Energienovelle nicht mehr behandelt wurden, wie etwa Abweichungsmöglichkeiten von Bebauungsplänen zur Zulassung von Anlagen für erneuerbare Energien in Gewerbegebieten. Viele größeren Unternehmen planen derzeit, ihren Strom- und Wärmebedarf auf ihren Werksgeländen weitgehend selbst zu decken. Sie sehen darin einen wichtigen Standortfaktor, auch weiterhin in Deutschland zu produzieren.

Damit ist nun allerdings die Diskussion um weitergehende Privilegierungen zugunsten erneuerbarer Energien im Außenbereich erneut eröffnet, z.B. für sog. Agri-Photovoltaik-Anlagen im räumlichen Umfeld von Bauernhöfen und auch für größere Biomasse-Anlagen. Dem Städtebauministerium schwebte dagegen ein einfaches Planverfahren vor, welches die Kommunen in die Lage versetzen soll, die Flächen im Außenbereich nach eigenen Vorstellungen planerisch zu gestalten. Wie diese Diskussionen ausgehen und ob sie möglicherweise in die geplante große BauGB-Novelle verlagert werden, ist heute noch nicht absehbar.

---

14 Deutscher Bundestag Drucksache 20/5663 vom 15.2.2023 (Entwurf eines Gesetzes zur Stärkung der Digitalisierung im Bauleitplanverfahren und zur Änderung weiterer Vorschriften).

15 Koalitionsvereinbarung S. 70: „Wir werden ... die rechtlichen Grundlagen für eine vollständige Digitalisierung der Bauleitplanverfahren schaffen."

5. Die Digitalisierungsnovelle und der Wiederaufbau nach Katastrophen

Unstreitig ist die ebenfalls als Formulierungshilfe zur Digitalisierungsnovelle vom Städtebauministerium eingebrachte Klausel für den angepassten Wiederaufbau von Gebäuden und Siedlungen nach Naturkatastrophen. So kommt nach der Flutkatastrophe im Ahrtal im Juli 2021 der notwendige Wiederaufbau nur schleppend voran, die dortige Region droht von der sonstigen wirtschaftlichen Entwicklung abgehängt zu werden. In einem Expertengespräch Ende Februar 2023 wurden daher räumlich begrenzte Erweiterungen des Bestandsschutzes und einfache Bebauungsplanverfahren für den Wiederaufbau diskutiert. Wie bei den vorbelasteten Tagebauflächen soll die Anwendung dieser Sonderregeln durch eine Rechtsverordnung des jeweils betroffenen Landes eingegrenzt werden, um sowohl beim Erlass der Verordnung als auch bei den nachfolgend zu treffenden Einzelfallentscheidungen den zuständigen Fachbehörden die Möglichkeit zu geben, gerade auch aus der Sicht des Katastrophenschutzes auf den Wiederaufbau in den betroffenen Kommunen Einfluss zu nehmen. Es bleibt abzuwarten, ob sich dieses zusätzliche Element einer Sonderbaurecht schaffenden Rechtsverordnung in der Praxis etablieren wird.

6. Der Gesetzentwurf der kommunalen Wärmeplanung

In einer weiteren, gemeinsam von Wirtschafts- und Städtebauministerium konzipierten Novelle zum Baugesetzbuch sollen schließlich die Rahmenbedingungen für eine kommunale Wärmeplanung geregelt werden.[16] Um einen Wärmeplan bodenrechtlich zu unterstützen, sollen insbesondere künftig in Flächennutzungs- und Bebauungsplänen die benötigten Flächen und Leitungen dargestellt bzw. festgesetzt werden können. Der Regierungsentwurf zur kommunalen Wärmeplanung und die entsprechenden Änderungen im Baugesetzbuch sollen in diesem Frühsommer dem Parlament zugeleitet werden.

Um eine kommunale Wärmeplanung nachträglich im baulichen Bestand umzusetzen, könnte der erstmalig mit dem Wohnbaulandmobilisierungsgesetz eingeführte sektorale Bebauungsplan oder auch ein einfacher Bebauungsplan zur Anwendung kommen. Ob dieses Instrument oder ein einfacher Bebauungsplan das geeignetere Instru-

16 Interner Entwurf vom 4.5.2023.

ment ist, soll im Rahmen der großen BauGB-Novelle noch einmal genauer betrachtet werden. Schließlich könnte im Besonderen Städtebaurecht die Wärmeplanung als neuer Gegenstand von Sanierungsgebieten aufgegriffen werden. Auch hierfür bedarf es noch weiterer sorgfältiger rechtlicher Prüfungen.

Aber dieses überaus komplexe Gesetzesvorhaben ist auch ein komplett anderes als die zuvor beschriebenen Novellen. Einerseits ist das Wärmeplanungsgesetz ebenfalls dringlich, weil Städte und Gemeinden einen einheitlichen gesetzlichen Rahmen benötigen. Andererseits handelt es sich der neu zu regelnden Wärmeplanung um ein Generationenprojekt. Viele der damit verbundenen Fragen werden erst nach und nach und mit zunehmender praktischer Erfahrung geklärt werden können. Die Diskussionen um die Wärmeplanung erfolgen daher in Workshops mit Repräsentanten der Energieverbände und mit Vertreterinnen und Vertretern von Städten. Es fängt mit so grundlegenden Fragen an, wo die treibhausgasneutrale Energie für die benötigte Wärme herkommen soll, ob auch Wasserstoff für die Fernwärme genutzt werden kann, was aus den kommunalen Gasnetzen werden soll, falls Wasserstoff nicht zur Verfügung steht, und schließlich, ob das jeweilige regionale Stromnetz stark genug ist, wenn örtlich verstärkt auf Wärmepumpen gesetzt werden sollte. Ein solches Vorhaben erfordert daher eine sich an Lösungen erst herantastende Gesetzgebung anstelle schneller gesetzgeberischer Lösungen.

Im Fokus dieses Projekts stehen neben diesen grundsätzlichen Fragen aber auch ganz praktische Fragen, für die das Gesetz einen ersten verlässlichen Rahmen setzen muss, etwa welche Daten zu erheben sind und wie das Verhältnis der kommunalen Wärmeplanung zu den Vorgaben des Gebäudeenergiegesetzes mit dem Verbot von Öl- und Gasheizungen, dem Umstieg auf Wärmepumpen und den damit verbundenen Maßnahmen zur Dämmung der Gebäude und schließlich zum herkömmlichen Recht der Bauleitplanung ist. Und natürlich ist zu klären, wie Fördermaßnahmen und Beratungen für die Kommunen und ihre Bürgerinnen und Bürger ausgestaltet werden sollten, weil nicht davon auszugehen ist, dass sie diese Aufgabe allein werden stemmen können. Die mit dem Wärmeplanungsgesetz einzuleitende Wärmewende wird damit auch zu einer Frage der sozialen Gerechtigkeit.

IV Abrundung durch die große Baugesetzbuch-Novelle

Damit sind wir bei der Weichenstellung, wann Gesetzgebung schnell und zuweilen iterativ auf dringliche Bedarfe reagieren sollte und wann es eines besonnenen, auf langfristige Lösungen abzielenden Diskussionsprozesses bedarf, bevor ein Gesetzesentwurf in das parlamentarische Verfahren gegeben wird. Dabei gibt die bislang erfolgte dringliche Gesetzgebung zugleich Anlass, über die Entwicklung des Bauplanungsrechts und die Rolle der Kommunen bei der Planung insgesamt nachzudenken. Soll es so weitergehen, oder geht es darum, sie und ihre Planungskompetenzen wieder zu stärken, in einem durch die vielen dringlichen Novellen bereits veränderten, künftig engeren rechtlichen Rahmen?

1. Ansprüche an eine große BauGB-Novelle

Die Koalitionsvereinbarung formuliert dazu folgenden Auftrag:[17] „Wir werden das Baugesetzbuch (BauGB) mit dem Ziel novellieren, seine Instrumente noch effektiver und unkomplizierter anwenden zu können, Klimaschutz und -anpassung, Gemeinwohlorientierung und die Innenentwicklung zu stärken sowie zusätzliche Bauflächen zu mobilisieren und weitere Beschleunigungen der Planungs- und Genehmigungsverfahren vorzunehmen. Wir werden die entsprechenden Regelungen im Baulandmobilisierungsgesetz entfristen ... ." Beabsichtigt ist in dieser Legislaturperiode daher noch eine diesen Auftrag aufgreifende, abrundende große Novelle des Baugesetzbuchs, vorbereitet durch Expertengespräche im Frühjahr und ein Planspiel zu den beabsichtigten Regelungen im Sommer.

Im Rahmen dieser großen Novelle sind also zahlreiche weitere Fortentwicklungen des Bauplanungsrechts anzugehen und zwischenzeitliche Entwicklungen aufzugreifen. Das Städtebauministerium hat des Weiteren im vergangenen Jahr ein „Bündnis für Wohnraum" initiiert, in welchem ebenfalls viele Forderungen an das Bauplanungsrecht artikuliert wurden, mit dem Ziel schneller Baurechte zu schaffen.[18] Hier wird es darum gehen, wie und in welchen Verfahren des Baugesetzbuchs schneller Wohnbebauung organisiert werden kann.

---

17 Koalitionsvereinbarung S. 70.

18 Fundstelle auf der Homepage des Bundesministeriums für Wohnen, Stadtentwicklung und Bauwesen: „Bündnis bezahlbarer Wohnraum - Maßnahmen für eine Bau-, Investitions- und Innovationsoffensive".

Aber nicht nur für den Klimaschutz ist etwas zu tun, sondern auch auf den Klimawandel ist zu reagieren. Die Anpassung an den Klimawandel in den Kommunen bedarf der ausdrücklichen Regelung im Baugesetzbuch, und das Bundesumweltministerium hat hierzu einen Referentenentwurf eines Klimaanpassungsgesetzes vorgelegt.[19] Ebenso ist die Novellierung des Bundesbodenschutzgesetzes geplant.[20] Die Länderarbeitsgemeinschaft Wasser und das Bundesumweltministerium arbeiten an strengeren Vorgaben für den Hochwasserschutz und erstmalig auch an Vorgaben für den Schutz vor Starkregen, ebenfalls in Reaktion auf die Flutkatastrophe im Ahrtal.[21] Der Umgang mit zunehmenden Starkregen und mit Hitze ist daher im Baugesetzbuch zu regeln, es bedarf Rückhalteflächen für Wasser, Grün in der Stadt und Kälteinseln, unsere Städte sollten sich zu „Schwammstädten" entwickeln. Der anhaltende Flächenverbrauch ist durch geeignete Instrumente zu reduzieren, zugleich eine doppelte Innenentwicklung zu fördern. Erst wenn auch diese grundlegenden Herausforderungen gelöst sind, wird wohl der aktuelle der Änderungsdruck auf das Baugesetzbuch abnehmen.

2. Das Leitbild der Neuen Leipzig Charta

Um bei all diesen Anforderungen an das Bauplanungsrecht den Kurs zu halten und nicht abzudriften, lohnt ein Blick in die Neue Leipzig Charta von 2020.[22] Vieles wurde hier vorgedacht und in einem Leitbild der gerechten, grünen und produktiven Stadt ausbalanciert. Was spricht dagegen, in einer Präambel zum Baugesetzbuch dieses Leitbild als Orientierungshilfe für die Kommunen aufzugreifen?

Wie eine Stadt des 21. Jahrhunderts agieren sollte, wurde hier aus einer planerischen Perspektive vorgedacht und in einem Leitbild der gerechten, grünen und produktiven Stadt festgehalten. Mit welchen Instrumenten des Baugesetzbuchs, in den vorangegangenen Novellen nur andiskutiert, könnte dieses Leitbild umgesetzt werden? Und wie könnte daraus eine

19 Koalitionsvereinbarung S. 32.
20 Koalitionsvereinbarung S. 33.
21 Koalitionsvereinbarung S. 32 und 73.
22 Fundstelle auf der Homepage des Bundesministeriums für Wohnen, Stadtentwicklung und Bauwesen; Koalitionsvereinbarung S. 72: „Wir wollen lebenswerte Städte, Gemeinden und ländliche Regionen in ganz Deutschland und orientieren uns an der Neuen Leipzig-Charta."

neue Balance zwischen den nun getroffenen Vorgaben zugunsten der erneuerbaren Energien und der kommunalen Planungshoheit, sozialer Gerechtigkeit und wirtschaftlichen Interessen entstehen?

Das Leitbild der Neuen Leipzig Charta ist die gerechte, grüne und produktive Stadt: Kommunen sind gerecht, wenn für alle Bürgerinnen und Bürger Chancengleichheit und Umweltgerechtigkeit gewährleistet ist, unabhängig von Geschlecht, sozioökonomischem Status, Alter und Herkunft. Eine Städtebaurechts-Novelle sollte daher dazu beitragen, dass alle angemessenen Wohnraum finden können. Kommunen sind grün, wenn sie zum Kampf gegen die Erderwärmung und zu einer hohen Umweltqualität bezüglich Luft, Wasser, Boden und zu einer nachhaltigen Flächennutzung beitragen, dazu gehört ein entsprechender Zugang aller Bürgerinnen und Bürger zu Grün- und Freizeitflächen. Eine Städtebaurechts-Novelle sollte daher dazu beitragen, eine klimaneutrale Energieversorgung zu fördern und die Anpassung an den Klimawandel durch das Aufgreifen von Konzepten wie dem „Schwammstadt-Prinzip“ zu unterstützen. Kommunen sind produktiv, wenn sie auf einer breit aufgestellten Wirtschaft beruhen, die Arbeitsplätze und eine solide finanzielle Grundlage für die nachhaltige Stadtentwicklung schafft. Eine Städtebaurechts-Novelle sollte daher die Schaffung sozialer, technischer und logistischer Infrastrukturen sowie bezahlbarer und verfügbarer Flächen ermöglichen und die entsprechenden transparenten Planungsverfahren dafür schaffen.

3. Expertengespräche und Planspiel

Um die damit geforderte BauGB-Gesetzgebung wieder in geordnete Bahnen zurückzuführen, bedarf es der Rückkehr zu der Tradition früherer Novellen, eine Reform des Städtebaurechts im wissenschaftlichen und fachlichen Diskurs sorgfältig vorzubereiten und in einem Planspiel zu erproben. Das Städtebauministerium hat hierfür bereits recht früh offene Fragestellungen für von ihm geplante Expertengespräche formuliert, die es aus der Neuen Leipzig Charta abgeleitet hat. Zusätzlich werden nun auch die noch verbliebenen Vorgaben aus der Koalitionsvereinbarung aufzugreifen sein, insbesondere also Ansatzpunkte zur Unterstützung des Wohnungsbaus sowie der Umgang mit dem Klimawandel.

In fünf vom Deutschen Institut für Urbanistik organisierten Gesprächsrunden diskutieren seit dem Frühjahr 2023 daher Expertinnen und Experten von Universitäten, Planungs- und kommunalen Spitzenverbänden, aber auch Vertreterinnen und Vertreter von Ländern und Kommunen sowie Juristinnen und Juristen aus der Richterschaft in einer monatlichen Abfolge diese Fragestellungen.

Bis zum Herbst 2023 soll auf der Grundlage dieses Diskurses der Regierungsentwurf entstehen. Der Entwurf soll anschließend in einem Planspiel mit Kommunen einem Praxistest unterzogen werden. Und sofern der Entwurf von den Planungspraktikerinnen und -praktikern für tauglich befunden wird und ihren Segen erhält, werden danach die Aushandlungen im Parlament und zwischen Bundestag und Bundesrat beginnen, um so der Novelle bis Ende 2024 den politischen Feinschliff zu geben.

V Rückgriff bei der Gesetzgebung auf neuere Erkenntnisse der Verhaltensökonomie

Diese Übersicht zeigt, dass das Baugesetzbuch, welches sich über sechs Jahrzehnte bewährt hat und sukzessive fortentwickelt wurde, derzeit einem zuvor nicht gekanntem Änderungsprozess unterliegt. Er wird getrieben von dem dringlichen Bestreben, erneuerbare Energien zu ermöglichen, den Wohnraumbedarf zu decken und dem Klimawandel Rechnung zu tragen. Die Novellen zum Baugesetzbuch zur Unterstützung der erneuerbaren Energien geschahen überwiegend iterativ, sie waren von kurzfristiger Dringlichkeit getrieben. Die große BauGB-Novelle und auch die kommunale Wärmeplanung setzen dagegen auf langfristige, resiliente Lösungen.

Ergänzen möchte ich diese aktuelle Bestandsaufnahme daher mit einem kurzen Rückgriff auf die Neue Verhaltensökonomie, die von Kahneman/Tversky und Thaler/Sunstein entwickelt und später auch von Rosling und Senge beeinflusst wurde. Diese Wirtschaftsökonomen untersuchten, wie Menschen in besonderen Drucksituationen agieren und wie es gelingen kann, damit so umzugehen, dass trotz allen Drucks am Ende ausgewogene, allen Interessen Rechnung tragende Lösungen zustande kommen.

Kahneman und Tversky erkannten auf der Grundlage von Befragungen, dass Menschen unter Druck zu schnellem Denken neigen und dabei auf ihnen vertraute Verhandlungsmuster zurückgreifen, um so schnell und ohne Aufwand zu kurzfristigen Lösungen zu kommen.[23] Das ist überlebenswichtig, wenn der Säbelzahntiger vor der Höhle steht. So war dies in

23 Daniel Kahneman, Schnelles Denken, langsames Denken, 2011.

der Steinzeit und ist es auch heute angesichts des Ukraine-Kriegs. Schnell und ohne viel Nachdenken ist zu reagieren, sonst wird man aufgefressen. Rosling spricht von einem Dringlichkeitsinstinkt, der dann einsetzt:[24] Es geht um einfache Lösungen, die auf der Hand liegen, wie hier der Ausbau der erneuerbaren Energien. Dazu bedarf es nicht viel Nachdenkens, zu lange Diskussionen sind hier eher hinderlich.

Bei grundlegenden und langfristigen Problemlagen wie dem Klimawandel hilft dieser Überlebensinstinkt aber nicht. Der Umgang mit dem Klimawandel und wie wir auf ihn reagieren, erfordert eine logische und bewusste Herangehensweise, nach Kahneman also ein „langsames Denken". Dem Dringlichkeitsinstinkt ist hier zu widerstehen. Langsames Denken, um komplexe Sachverhalte zu durchdringen und langfristig wirkende Lösungen zu entwickeln, ist anstrengend, es passiert deshalb eher selten. Thaler und Sunstein empfehlen daher, die Menschen durch den Gesetzgeber anzustupsen, damit ihnen dies in einem klar vorgegebenen Rahmen leichter fällt.[25] Und Senge beschreibt, wie es gelingen kann, durch eine sorgfältige Analyse des Gesamtsystems am Ende genau die richtigen Hebel zu finden, um zu guten Lösungen zu kommen.[26] Ein vorschnelles Herumdoktern an den Symptomen ist zu vermeiden, und ein voreiliger Glaube, schnell eine Lösung gefunden zu haben, könnte uns am Ende nur tiefer in die Krise stürzen.

Übertragen auf die große Novelle des Baugesetzbuchs würde dies bedeuten: Mit Hilfe des Leitbilds der Neuen Leipzig Charta und unter Einbeziehung des Rats von Expertinnen und Experten sollte eine Weiterentwicklung des Städtebaurechts erfolgen. Es geht darum, dem Baugesetzbuch wieder die notwendigen Konturen zu geben, die es durch die vergangenen Novellen verloren hat. Eine solche Klarheit würde am Ende wohl auch die Kommunen stärken. Ihre kommunale Planungshoheit würde sich künftig zwar in einem deutlich engeren Korsett von unmittelbaren Privilegierungen durch den Bundesgesetzgeber und auch im Rahmen von Verordnungen der Länder entfalten müssen. Dieser engere Rahmen wäre aber kein Nachteil für die Kommunen, weil er ihnen dringliche Entscheidungen zum Umgang mit den erneuerbaren Energien und Ihnen hierfür zur Verfügung stehenden Instrumenten abnehmen würde. Sie könnten sich wieder auf ihre

24 Hans Rosling, Factfulness, 2018.
25 Richard Thaler/Cass Sunstein, Nudge, 2012.
26 Peter Senge, The Fifth Discipline, The art and practice of the learning organization, 2006.

eigentlichen städtebaulichen Handlungsbedarfe konzentrieren – und müssten sich nicht mit einem ausgefransten Baugesetzbuch befassen, an dessen Beliebigkeit sie möglicherweise verzweifeln. Diesen Hebel zu entwickeln, um das Gesamtsystem in die richtige Richtung zu bewegen, das wäre die Kunst, die es am Ende bei der großen Städtebaurechts-Novelle bedarf.

Das 2%-Flächenziel des WindBG

Von Univ.-Prof. Dr.-Ing. habil Stephan Mitschang[1]

I Vorbemerkungen

Der in den letzten Jahren stockende Ausbau der erneuerbaren Energien im Bereich der Windenergienutzung einerseits, aber auch die durch die Rechtsprechung gestellten Anforderungen an die räumliche Steuerung von Windenergieanlagen sowie die damit verbundenen Rechtsunsicherheiten andererseits, haben Veränderungen und eine gänzlich neue Strategie für den Ausbau der erneuerbaren Energien, insbesondere für die Nutzung der Windenergie, eingefordert.[2] Da bislang die planerische Steuerung von Windenergieanlagen weder eine Orientierung an Mengenvorgaben für den Energiebedarf für sich beanspruchen konnte noch an energiewirtschaftliche Vorgaben geknüpft war, hat die bisherige Flächenbereitstellung für Windenergieanlagen unabhängig davon stattgefunden.[3]

Mittlerweile hat der Ausbau der Windenergie auch Eingang in den Koalitionsvertrag von SPD, Bündnis 90/Die Grünen und FDP gefunden.[4] Zwei Prozent der Landesfläche sollen danach für die Windenergie an Land ausgewiesen werden. Erreicht werden soll dieses Ziel durch ein Wind-an-Land-Gesetz (WaLG)[5], das in Art. 1 ein bereits am 1. Februar 2023 in Kraft getretenes Windenergieflächenbedarfsgesetz (WindBG)[6] enthält und mit einer weitgehenden Überarbeitung der Regelungen zur Windenergie im

1 Professor und Leiter des Fachgebiets für Orts-, Regional- und Landesplanung an der TU Berlin und Wissenschaftlicher Direktor des Instituts für Städtebau Berlin unter der Trägerschaft der DASL.

2 Siehe auch Grigoleit/Engelbert/Strothe/Klanten, ZfBR 2022, 512, 513.

3 Vgl. BT-Drs. 20/2355, S. 22.

4 Siehe hierzu die Ausführungen im Koalitionsvertrag „Mehr Fortschritt wagen – Bündnis für Freiheit, Gerechtigkeit und Nachhaltigkeit“, S. 44 f. Zu finden unter: https://www.spd.de/fileadmin/Dokumente/Koalitionsvertrag/Koalitionsvertrag_2021-2025.pdf. Zugriff am 3. Dezember 2022.

5 Siehe hierzu das „Gesetz zur Erhöhung und Beschleunigung des Ausbaus von Windenergieanlagen an Land“ vom 20. Juli 2022 (BGBl. I S. 1353).

6 Gesetz zur Festlegung von Flächenbedarfen für Windenergieanlagen an Land (Windenergieflächenbedarfsgesetz - WindBG) vom 20. Juli 2022, BGBl. I S. 1353, das zuletzt

BauGB[7] und ROG[8] verzahnt ist.[9] Angesichts der Komplexität der Neuregelungen werden die folgenden Betrachtungen in erster Linie auf die Neuregelungen des WindBG beschränkt. Mit ihnen sollen die Anforderungen des WindBG für die Erreichung des 2%-Flächenziels verdeutlicht werden. Bevor auf die einzelnen Regelungen des WindBG eingegangen werden kann, ist es für das Gesamtverständnis sinnvoll, den gesetzlichen Rahmen, der der Neustrukturierung der Windenergienutzung zugrunde liegt, darzustellen.

II Der gesetzliche Rahmen

Mit dem „Gesetz zur Erhöhung und Beschleunigung des Ausbaus von Windenergieanlagen an Land" (WaLG) wird angestrebt die unbefriedigende Situation, die sich beim Ausbau der Windenergie seit einiger Zeit darstellt, zu verändern und der Windkraft „Rückenwind" zu verleihen. Deshalb hat der Bundesgesetzgeber das WaLG durch weitere gesetzliche Neuregelungen und Regelungsänderungen flankiert und ein nicht einfach zu durchdringendes Geflecht gesetzlicher Bestimmungen geschaffen, mit dem dieses Ziel erreicht werden soll. Für die Frage der Flächenbereitstellung für Anlagen zur Nutzung der Windenergie ist daher gegenwärtig[10] folgende Regelungsstruktur maßgeblich:

---

durch Artikel 5 des Gesetzes vom 4. Januar 2023 (BGBl. 2023 I Nr. 6) geändert worden ist.

7 Baugesetzbuch (BauGB) in der Fassung der Bekanntmachung vom 3. November 2017 (BGBl. I S. 3634), das zuletzt durch Artikel 2 des Gesetzes vom 4. Januar 2023 (BGBl. 2023 I Nr. 6) geändert worden ist.

8 Raumordnungsgesetz vom 22. Dezember 2008 (BGBl. I S. 2986), das zuletzt durch Art. 3 des Gesetzes zur Erhöhung und Beschleunigung des Ausbaus von Windenergieanlagen vom 20. Juli 2022 (BGBl. I S. 1353) geändert worden ist.

9 Operhalsky, UPR 2022, 337 ff.

10 Im Gesetzgebungsprozess befinden sich zurzeit ein „Gesetz zur Änderung des Raumordnungsgesetzes und anderer Vorschriften" sowie ein „Gesetz zur Stärkung der Digitalisierung im Bauleitplanverfahren und zur Änderung weiterer Vorschriften".

1 Das Wind-an-Land-Gesetz

Das WaLG ist ein Artikelgesetz und enthält:

- in Art. 1 das gänzlich neue „Gesetz zur Festlegung von Flächenbedarfen für Windenergieanlagen an Land“ (Windenergieflächenbedarfsgesetz – WindBG),
- in Art. 2 Änderungen des Baugesetzbuches, insbesondere mit Änderungen in § 5 Abs. 2b BauGB, einem neuen § 9a Abs. 2 BauGB, Änderungen in § 35 Abs. 1 Nr. 5 BauGB, einen neuen § 245e BauGB und Änderungen in § 249 BauGB,
- in Art. 3 Änderungen des Raumordnungsgesetzes in § 8 ROG und § 27 ROG und
- in Art. 4 Änderungen des Erneuerbare-Energien-Gesetzes, in den §§ 97 und 98 EEG 2023.

Entsprechend Art. 5 dieses Gesetzes trat das Gesetz am 1. Februar 2023 in Kraft.

2 Gesetz zur Änderung des Energiesicherungsgesetzes und anderer energiewirtschaftlicher Vorschriften

Auch bei dem „Gesetz zur Änderung des Energiesicherungsgesetzes und anderer energiewirtschaftlicher Vorschriften“[11] handelt es sich um ein Artikelgesetz. Art. 11 des Gesetzes trägt die Überschrift „Änderung des Baugesetzbuches“. Es enthält Ergänzungen des § 245e Abs. 1 und einen neuen Abs. 4 BauGB sowie einen neuen § 246 d BauGB mit Sonderregelungen für Biogasanlagen.

Entsprechend Art. 12 des Gesetzes treten die Änderungen des § 245 Abs. 1 und Abs. 4 BauGB am 1. Februar 2023 in Kraft, die Sonderregelung für Biogasanlagen bereits am 13. Oktober 2022.

11 Vom 08.10.2022, BGBl. I S. 1726.

3 Gesetz zur sofortigen Verbesserung der Rahmenbedingungen für die erneuerbaren Energien im Städtebaurecht

Auch bei dem „Gesetz zur sofortigen Verbesserung der Rahmenbedingungen für die erneuerbaren Energien im Städtebaurecht“[12] handelt es sich um ein Artikelgesetz, aus dem sich die folgenden rechtlichen Neuerungen bzw. Veränderungen ergeben:

- in Art. 1 das BauGB, insbesondere mit Änderungen in § 35 Abs. 1 Nr. 8 und Abs. 5 BauGB, Ergänzungen in § 249a BauGB (Sonderregelungen für Vorhaben zur Herstellung oder Speicherung von Wasserstoff aus erneuerbaren Energien) und in § 249b BauGB (Verordnungsermächtigung zum Ausbau der erneuerbaren Energien in Abbaubereichen des Braunkohletagebaus),
- in Art. 2 weitere Änderungen des BauGB, mit Einfügung eines neuen § 249 Abs. 10 BauGB (Regelung zur optisch bedrängenden Wirkung von Windenergieanlagen),
- in Art. 3 eine Änderung der Baunutzungsverordnung, insbesondere durch Einfügung von § 14 Abs. 4 BauNVO (Anlagen zur Herstellung und Speicherung von Wasserstoff in sonstigen Sondergebieten sowie Gewerbe- und Industriegebieten) sowie durch Einfügen einer neuen Überleitungsvorschrift in § 25f BauNVO,
- in Art. 4 einer Änderung des UVPG, mit einer Erweiterung der Anlage 5 um Nr. 1.7 (Rechtsverordnungen nach § 249b Abs. 1 und 2 BauGB),
- in Art. 5 mit Änderungen des Windenergieflächenbedarfsgesetzes, insbesondere mit Änderungen in § 2 Nr. 1 WindBG, Einfügung von § 4 Abs. 4 WindBG, Änderung von § 5 Abs. 1 WindBG (Anrechnungsregeln) und Einfügung von § 6 Abs. 6 WindBG (Evaluation) und
- in Art. 6 mit Änderungen des EEG 2023, insbesondere in den §§ 37 und 48 EEG 2023.

Gemäß Art. 7 tritt das Gesetz, mit Ausnahme der Art. 2 und 5, am 1. Januar 2023 rückwirkend in Kraft, die Art. 2 und 5 treten am 1. Februar 2023 in Kraft.

Die dargestellten gesetzlichen Neuregelungen, Regelungsänderungen und -ergänzungen dienen der Stärkung der erneuerbaren Energien, um

12 Vom 04.01.2023, BGBl. 2023 I Nr. 6.

die Ausbauziele in § 1 Abs. 2 EEG 2023[13] zu erreichen. Sie verdeutlichen aber gleichfalls die Dynamik, der die Gesetzgebung unterliegt und die sie bestimmt.

4 Viertes Gesetz zur Änderung des Bundesnaturschutzgesetzes

Auch das „Vierte Gesetz zur Änderung des Bundesnaturschutzgesetzes“[14] dient ausweislich seiner Begründung[15] dazu, für einen zügigen Ausbau der erneuerbaren Energien und dabei insbesondere auch der Windenergie an Land zu sorgen, indem Genehmigungsverfahren vereinfacht und beschleunigt werden. Erreicht werden soll diese Zielsetzung durch bundeseinheitliche Standards[16] für die regelmäßig durchzuführenden artenschutzrechtlichen Prüfungen. Geändert werden die §§ 26, 54 und 74 BNatSchG, neu eingefügt werden die §§ 45b bis d BNatSchG.

Das Gesetz trat gemäß Art. 3 mit Ausnahme von Art. 1 Nr. 2 (Bestimmung in § 26 BNatSchG, die erst am 1. Februar 2023 in Kraft trat) am 29. Juli 2022 in Kraft.

III Das Windenergieflächenbedarfsgesetz

Dem WindBG fällt die Aufgabe zu, das Hemmnis der Flächenverfügbarkeit für die Nutzung der Windenergie zu beseitigen. Erreicht werden soll dies, indem den Bundesländern verbindliche Flächenziele vorgegeben werden, durch die in der Summe das 2%-Flächenziel erreicht werden kann. Vor dem Hintergrund der Ausbauziele in § 1 Abs. 2 EEG 2023, wonach für das Jahr 2030 der Anteil des aus erneuerbaren Energien erzeugten Stroms am Bruttostromverbrauch auf mindestens 80% gesteigert werden soll, kommt der Windenergienutzung eine zentrale Bedeutung zu. Um diese Zielsetzung

13 Siehe hierzu § 1 Abs. 2 und 3 des „Gesetzes für den Ausbau erneuerbarer Energien (Erneuerbare-Energien-Gesetz – EEG 2023) vom 21. Juli 2014 (BGBl. I S. 1066), das zuletzt durch Artikel 6 des Gesetzes vom 4. Januar 2023 (BGBl. 2023 I Nr. 6) geändert worden ist.

14 Vom 20.07.2022, BGBl. I S. 1362.

15 Vgl. BT-Drs. 20/2354, S. 1.

16 Im Zentrum steht dabei eine neue Bestimmung in § 45b BNatSchG, die insbesondere die Signifikanzprüfung nach § 44 Abs. 5 Satz 2 Nr. 1 BNatSchG sowie die Möglichkeit der Ausnahmeerteilung nach § 45 Abs. 7 BNatSchG als Regelungsgegenstände hat.

erreichen zu können, bedarf es der Aktivierung von über das Bisherige bei weitem hinausgehenden Flächen, um Anlagen der Windenergie auf ihnen errichten zu können. Unter Zugrundelegung der aktuell durchschnittlichen energetischen Leistung einer Windenergieanlage kann nur eine Prognose über die insoweit insgesamt erforderlichen Flächen zur Erreichung der Ausbauziele angestellt werden.[17] Das sind nach aktuellen Berechnungen 2% der Bundesfläche.[18] Tatsächlich bedeutet dies aber mehr als eine Verdoppelung der aktuell ausgewiesenen und zudem räumlich ungleich verteilten Flächen (nur 0,8 % der Bundesfläche bei einer Verfügbarkeit von nur 0,5% der Bundesfläche).[19] Ist absehbar, dass die Ziele nicht erreicht werden, muss nachgesteuert werden.

Den Regelungen des WindBG obliegt es, die Flächenfrage anzugehen, um das 2%-Flächenziel erreichbar werden zu lassen. Den gleichzeitig in diesem Zusammenhang vorgenommenen Regelungsänderungen und -ergänzungen des BauGB[20] kommt in erster Linie die Aufgabe zu, die Anforderungen an die Planung und Zulässigkeit von Anlagen zur Nutzung der Windenergie flankierend in Ansatz[21] zu bringen.

1 Verbindliche mengenadressierte Flächenziele für die Windenergienutzung an Land

Mit dem in Art. 1 des WaLG enthaltenen WindBG[22] wird das Ziel verfolgt, dem bestehenden Mangel an verfügbarer Fläche für den Ausbau der Windenergie unmittelbar entgegenzutreten. Die Bestimmungen orientieren sich ausschließlich an einem flächenbezogenen Maßstab und nicht etwa an der Zahl der auf diesen Flächen installierten Windenergieanlagen oder an der installierten Leistung.[23] Ziel des WindBG ist es, „im Interesse des

---

17 Siehe dazu das im Auftrag des Bundesministeriums für Wirtschaft und Klimaschutz in Auftrag gegebene Gutachten „Analyse der Flächenverfügbarkeit für Windenergie an Land Post-2030 vom 22. Mai 2022. Zu finden unter https://www.bmwk.de/Redaktion/DE/Publikationen/Energie/analyse-der-flachenverfugbarkeit-fur-windenergie-an-land-post-2030.pdf?__blob=publicationFile&v=4. Zugriff am 22. Dezember 2022.

18 Dies ermöglicht eine Installation von ca. 165 GW.

19 Vgl. BT-Drs. 2355, S. 1 f.

20 Siehe hierzu den nachfolgenden Beitrag von Olaf Reidt.

21 Vgl. zum Rechtsrahmen insgesamt oben II.

22 Ausführlich Kment, NVwZ 2022, 1153, 1154 f.; Scheidler, BauR 2022, 1419, 1422 f.; Operhalsky, UPR 2022, 337 ff.; Harsch/Schäfer, KlimR 2022, 334, 338.

23 Dies kritisieren Kment, NVwZ 2022, 1153, 1156 und Operhalsky, UPR 2022, 337 ff.

Klima- und Umweltschutzes die Transformation zu einer nachhaltigen und treibhausgasneutralen Stromversorgung, die vollständig auf erneuerbaren Energien beruht, durch den beschleunigten Ausbau der Windenergie an Land zu fördern". Damit wird die Einbindung des WindBG in den Gesamtkontext der Erneuerbare-Energien-Gesetzgebung verdeutlicht und ihr Stellenwert für eine nachhaltige und treibhausgasneutrale Energieversorgung herausgestellt.

Um die Ausbauziele des § 1 Abs. 2 und 3 EEG 2023 für die Stromerzeugung erreichen zu können, werden den Bundesländern mit § 3 Abs. 1 Satz 1 WindBG verbindliche, mengenadressierte Flächenziele (sog. „Flächenbeitragswerte") vorgegeben, die für die Ausweisung von Flächen für die Windenergienutzung einzuhalten sind.[24] Deshalb bestimmt § 3 Abs. 1 Satz 1 WindBG, dass ein prozentualer Anteil der Landesfläche nach Maßgabe der Spalte 3 der Anlage 1 für die Windenergie an Land, bezogen auf das einzelne Bundesland, auszuweisen ist (s. Abbildung 1). Spalte 3 enthält getrennt für jedes Bundesland die Größe der jeweiligen Landesfläche, um eine konkrete Bestimmung der Größe der auszuweisenden Flächen vornehmen zu können (vgl. Abbildung 1). Bei den angegebenen Flächenbeitragswerten handelt es sich um Mindestvorgaben. Eine Überschreitung dieser Werte ist daher ohne Erfüllung weiterer Voraussetzungen möglich.

Bundesland	Spalte 1: Flächenbeitragswert, der bis zum 31. Dezember 2027 zu erreichen ist (Anteil der Landesfläche in Prozent)	Spalte 2: Flächenbeitragswert, der bis zum 31. Dezember 2032 zu erreichen ist (Anteil der Landesfläche in Prozent)	Spalte 3: Landesfläche (in km^{2})
Baden-Württemberg	1,1	1,8	35 747,82
Bayern	1,1	1,8	70 541,57
Berlin	0,25	0,5	891,12
Brandenburg	1,8	2,2	29 654,35
Bremen	0,25	0,5	419,62

24 Den Bundesländern wird demgegenüber nicht die Möglichkeit eingeräumt, insgesamt auf eine Planung zur Bereitstellung von Flächen für die Nutzung der Windenergie zu verzichten, und den bauplanungsrechtlichen Außenbereich für die Errichtung von privilegierten Windenergieanlagen zu öffnen. Dem steht nämlich entgegen, dass es um die verpflichtende Bereitstellung von Flächen für die Nutzung der Windenergie geht, um die Ausbauziele des EEG 2023 erreichen zu können. Je offener diese Zielsetzung angegangen wird, desto weniger ist mit einer Zielerreichung zu rechnen.

Bundesland	Spalte 1: Flächenbeitragswert, der bis zum 31. Dezember 2027 zu erreichen ist (Anteil der Landesfläche in Prozent)	Spalte 2: Flächenbeitragswert, der bis zum 31. Dezember 2032 zu erreichen ist (Anteil der Landesfläche in Prozent)	Spalte 3: Landesfläche (in km²)
Hamburg	0,25	0,5	755,09
Hessen	1,8	2,2	21 115,64
Mecklenburg-Vorpommern	1,4	2,1	23 295,45
Niedersachsen	1,7	2,2	47 709,82
Nordrhein-Westfalen	1,1	1,8	34 112,44
Rheinland-Pfalz	1,4	2,2	19 858,00
Saarland	1,1	1,8	2 571,11
Sachsen	1,3	2,0	18 449,93
Sachsen-Anhalt	1,8	2,2	20 459,12
Schleswig-Holstein	1,3	2,0	15 804,30
Thüringen	1,8	2,2	16 202,39

Abbildung 1: Flächenbeitragswerte nach Anlage 1 zu § 3 Abs. 1 WindBG, aus: BGBl. I S. 1356.

§ 3 Abs. 1 Satz 2 WindBG orientiert die zu erreichenden Flächenbeitragswerte an einem Zwischen- und einem Gesamtziel (zweistufiges Modell). Mittelfristig sind danach bis zum 31. Dezember 2027[25] für das Erreichen des Zwischenziels in einer ersten Modellstufe mindestens diejenigen Flächenbeitragswerte nach Spalte 1 der Anlage 1 zu § 3 WindBG auszuweisen (vgl. obige Abbildung 1).[26] Hierdurch soll eine kontinuierlich steigende und mit den Ausbaumengen des EEG 2023 konsistente Flächenbereitstellung sichergestellt werden.[27] Fraglich ist dabei jedoch, ob die Planungspraxis dem entsprechen kann, denn bereits auf dieser ersten Modellstufe kommt

25 Ursprünglich war vorgesehen, dieses mittelfristige Ziel bis zum 31. Dezember 2026 zu erreichen. Auf Empfehlung des Ausschusses für Klimaschutz und Energie wurde einer Erweiterung der Frist um ein Jahr zugestimmt, um den Planungsträgern ausreichend Zeit für die Aufstellung rechtssicherer Planungen und deren Akzeptanz durch die Öffentlichkeit zu geben. Vgl. BT-Drs. 20/2583, S. 5.

26 Angesichts der unterschiedlichen Ausgangslagen in den einzelnen Bundesländern sind zwischen 1,1 und 1,8% der Landesflächen bereitzustellen.

27 Vgl. BT-Drs. 20(2355, S. 17.

es maßgeblich darauf an, welche bereits ausgewiesenen Flächen, die auf ganz unterschiedlichen Flächenfestlegungen beruhen können, etwa als Vorbehaltsflächen oder als Eignungsflächen, für die Nutzung der Windenergie auf den einzulösenden Flächenbeitragswert angerechnet werden können. Aufgrund der in § 4 WindBG vorgegebenen Berechnungsregeln[28], müssen die Planungsträger zunächst bestimmen, welche Flächen für die Erreichung der Flächenbeitragswerte überhaupt herangezogen werden können.

Für die Bundesländer besteht allerdings die Möglichkeit, in einer ersten Tranche für ihre Landesteile sogenannte Teilflächenziele festzulegen, die aber in der Summe den jeweiligen Flächenbeitragswert für das Land erreichen müssen (vgl. § 3 Abs. 2 Nr. 2 bzw. Satz 2 i.V.m. Abs. 3 Nr. 2 WindBG). Frist hierfür ist der 31. Mai 2024. Außerdem werden die Länder durch Abs. 3 verpflichtet, jährlich bis spätestens zum 31. Mai 2024 entsprechend § 98 Abs. 1 EEG 2023[29] über den Stand des Ausbaus der erneuerbaren Energien und den Stand der Ausweisung von Flächen nach dem WindBG zu berichten.

Für das Erreichen des Gesamtziels der zweiten Modellstufe müssen dann die Flächenbeitragswerte in Spalte 2 der Anlage 1 bis zum 31. Dezember 2032 durch Flächenausweisungen erfüllt werden. Dabei können auch faktische Windenergieflächen über § 4 Abs. 1 Satz 3 und 4 WindBG zur Anrechnung gebracht werden. Allerdings gilt dies nicht mehr für Eignungs- und Vorbehaltsgebiete.

Die Flächenbeitragswerte, die bis zum 31. Dezember 2032 zu erfüllen sind, ergeben ein differenziertes Bild für die einzelnen Bundesländer. Während die Stadtstaaten Berlin, Bremen und Hamburg verständlicherweise jeweils nur 0,5% ihrer Landesfläche für die Windenergienutzung zur Verfügung stellen müssen, besteht für die Bundesländer Brandenburg, Hessen, Niedersachsen, Rheinland-Pfalz, Sachsen-Anhalt und Thüringen die Verpflichtung, 2,2% ihrer Landesfläche[30] der Windenergienutzung zuzuführen. Alle übrigen Bundesländer liegen dazwischen.

---

28 Dazu ausführlich unten III 3.

29 Durchführung eines „jährlichen Monitorings zur Zielerreichung".

30 Es handelt sich hierbei nicht um statische Werte, soweit wenn einzelne Länder sich verpflichten im Rahmen staatsvertraglicher Regelungen, Flächenausweisungspflichten eines anderen Landes zu übernehmen, können diese Werte auch angepasst werden. § 6 Abs. 4 WindBG erlaubt solche länderübergreifenden Kooperationen innerhalb eines vorgegebenen Rahmens, vgl. Raschke/Roscher, ZfBR 2022, 531, 535.

2 Das „Windenergiegebiet" nach § 2 Nr. 1 WindBG

In § 2 WindBG sind einige wichtige Begriffsdefinitionen enthalten, auch die des Windenergiegebiets. Eine Feststellung als Windenergiegebiet ist für die Ermittlung von Flächenbeitragswerten erforderlich, denn darauf sind nach § 4 Abs. 1 WindBG alle Flächen anzurechnen, die in Windenergiegebieten ausgewiesen sind. Bei der in § 2 Nr. 1 WindBG normierten Legaldefinition für Windenergiegebiete wird hinsichtlich der getroffenen Flächenausweisungen zwischen der Ausweisung von bestimmten Flächen für die Nutzung der Windenergie differenziert, so dass insgesamt alle Planungsebenen erfassend, sowohl zielförmige Festlegungen in Raumordnungsplänen als auch Darstellungen in Flächennutzungs- und Festsetzungen in Bebauungsplänen berücksichtigt werden.

In Raumordnungsplänen werden allerdings nur Vorranggebiete[31] sowie damit vergleichbare Gebiete erfasst (§ 2 Nr. 1a WindBG). Für Eignungs- und Vorbehaltsgebiete[32] sieht § 2 Nr. 1b WindBG eine Anrechnung nur auf die Flächenbeitragswerte nach Spalte 1 der Anlage 1 zu § 3 Abs. 1 WindBG sowie für die entsprechenden Teilflächenziele vor, nicht aber für die Flächenbeitragswerte der Spalte 2 der Anlage 1 zu § 3 Abs. 1 WindBG. Die zeitliche Beschränkung bei der Einbeziehung von Eignungs- und Vorbehaltsgebieten ergibt sich daraus, dass diese nur für die Flächenbeitragswerte berücksichtigt werden dürfen, die bis zum 31. Dezember 2027 als Zwischenziel erreicht werden müssen und auch nur dann, wenn der entsprechende Raumordnungsplan bis zum 1. Februar 2024, also ein Jahr nach Inkrafttreten des WindBG wirksam geworden ist (§ 2 Nr. 1b WindBG). Mit dieser Bestimmung wird der unterschiedlichen rechtlichen Wirkung zwischen Vorrang-, Eignungs- und Vorbehaltsgebieten Rechnung getragen, so dass den Eignungs- und Vorbehaltsgebieten für die Flächensicherung zugunsten der Windenergie an Land eine deutlich geringere Wirkung zuerkannt wird als den ausgewiesenen Vorranggebieten. Keine Bedeutung für die Anrechnung von Flächen hat dabei der Umstand, ob einem Vorranggebiet die Wirkung eines Eignungsgebiets zugewiesen wurde.[33]

Neben den raumordnerischen Gebietsfestlegungen werden auch in Flächennutzungsplänen dargestellte Sonderbauflächen im Sinne von § 1 Abs. 1 Nr. 4 BauNVO und mit diesen vergleichbaren Ausweisungen sowie auch in

---

31 Zum Begriff, vgl. § 7 Abs. 3 Satz 2 Nr. 1 ROG.
32 Zu den Begriffen, vgl. § 7 Abs. 3 Satz 2 Nr. 2 und 3 ROG.
33 Vgl. BT-Drs. 20/2355, S. 24.

Bebauungsplänen festgesetzte Sondergebiete im Sinne von § 1 Abs. 2 Nr. 12 BauNVO[34] und mit diesen vergleichbaren Ausweisungen von der Begriffsdefinition des Windenergiegebiets erfasst (§ 2 Nr. 1a WindBG) [35]. Angesprochen sind insoweit etwa unbenannte Konzentrationsflächendarstellungen oder Darstellungen, die auf der Grundlage von § 5 Abs. 2 Nr. 2b BauGB in Flächennutzungsplänen getroffen werden[36]. Mit in Bebauungsplänen ausgewiesenen Sondergebieten vergleichbar ist außerdem die Ausweisung von Windenergieflächen auf der Grundlage einer Festsetzung von Versorgungsflächen nach § 9 Abs. 1 Nr. 12 BauGB, soweit damit jedenfalls eine ähnliche Flächensicherungsfunktion verfolgt wird.

3 Anrechenbare Flächen

§ 4 WindBG regelt die Anrechenbarkeit von bereits ausgewiesenen Flächen zur Nutzung der Windenergie auf die in Anlage 1 zu § 3 WindBG festgelegten Flächenbeitragswerte. Dem liegt zugrunde, dass bereits in den letzten Jahren sowohl auf der raumordnerischen als auch auf der kommunalen Planungsebene, bundeslandweit unterschiedlich, in mehr oder minder großem Umfang Flächen für die Nutzung der Windenergie bereitgestellt wurden. Folglich sind die Voraussetzungen zu klären, wonach diese bereits ausgewiesenen Flächen auf den von dem jeweiligen Bundesland zu erreichenden prozentualen Anteil an der Landesfläche angerechnet werden können. Zu berücksichtigen ist dabei, dass durch das „Gesetz zur sofortigen Verbesserung der Rahmenbedingungen für die erneuerbaren Energien im Städtebaurecht“ eine Ergänzung der Bestimmung in § 4 WindBG um einen neuen Absatz 4 vorgenommen worden ist, wonach auch Flächen innerhalb des Abbaubereichs eines Braunkohlen- oder Sanierungsplans zusätzlich zu den schon in Abs. 1 bis 3 angeführten angerechnet werden können. Dies führt zu einer, unterschiedliche Situationen erfassenden, Anrechenbarkeit von

34 Verordnung über die bauliche Nutzung der Grundstücke (Baunutzungsverordnung – BauNVO) in der Fassung der Bekanntmachung vom 21. November 2017 (BGBl. I S. 37869, die durch Artikel 3 des Gesetzes vom 4. Januar 2023 (BGBl. 2023 I Nr. 6) geändert worden ist.

35 Siehe dazu Art. 5 des Gesetzes zur sofortigen Verbesserung der Rahmenbedingungen für die erneuerbaren Energien im Städtebaurecht.

36 Siehe hierzu die Beschlussempfehlung und den Bericht des 24. Ausschusses, BT-Drs. 20/4704, S. 19.

- Flächen in Windenergiegebieten (§ 4 Abs. 1 WindBG),
- anteiligen sog. „Rotor-innerhalb-Flächen (§ 4 Abs. 3 WindBG) sowie
- Flächen innerhalb eines Abbaubereiches eines Braunkohlen- oder Sanierungsplans (§ 4 Abs. 4 WindBG).

§ 4 Abs. 2 WindBG hat die Aufgabe zu klären, ab wann und wie lange die Möglichkeit zur Anrechnung ausgewiesener Flächen für die Nutzung der Windenergie an Land besteht.

3.1 Flächen in Windenergiegebieten (§ 4 Abs. 1 WindBG)

Nach § 4 Abs. 1 Satz 1 WindBG sind Flächen in Windenergiegebieten auf die Flächenbeitragswerte in vollem Umfang anzurechnen, allerdings nur einmalig, auch wenn die Ausweisung in Plänen auf unterschiedlichen Planungsebenen (Raumordnung und Bauleitplanung) erfolgt (§ 4 Abs. 1 Satz 2 WindBG). Demgegenüber sind Flächen, die auf unterschiedlichen Planungsebenen ausgewiesen werden und keine flächenmäßigen Überschneidungen aufweisen, in vollem Umfang anzurechnen. Für den Flächenbeitragswert nach Spalte 2 der Anlage 1 zu § 3 Abs. 1 WindBG werden aber auch Flächen (sog. „faktische Windenergiegebiete") angerechnet, die keine Windenergiegebiete sind, wenn sie im Umkreis von einer Rotorblattlänge um eine Windenergieanlage liegen.[37] Hierzu muss der Planungsträger dies allerdings in seinem für das Erreichen der Flächenbeitragswerte erforderlichen Beschluss nach § 5 Abs 1 WindBG feststellen. Diese Anrechnungsmöglichkeit besteht aber nur, solange die Windenergieanlage in Betrieb ist (vgl. § 4 Abs. 1 Satz 4 WindBG). Handelt es sich um Flächen, die in Plänen der Raumordnung oder Bauleitplanung ausgewiesen werden, die nach dem 1. Februar 2023 wirksam geworden sind und Bestimmungen zur Höhe baulicher Anlagen enthalten, dürfen diese nicht angerechnet werden.[38] Demgegenüber dürfen Bestandsplanungen, die vor dem 1. Februar 2023 wirksam geworden sind und Höhenbeschränkungen für Windenergieanlagen enthalten, auf die Flächenbeitragswerte angerechnet werden.

---

37 Insoweit widersprüchlich sind die Ausführungen in der Begründung, vgl. BT-Drs. 20/2355, S. 26.

38 Diese Regelung geht ebenfalls auf eine Empfehlung des Ausschusses für Klimaschutz und Energie zurück. Vgl. BT-Drs. 20/2583, S. 7.

3.2 „Rotor-innerhalb-Flächen" (§ 4 Abs. 3 WindBG)

Sog. „Rotor-innerhalb-Flächen" sind nur anteilig anzurechnen (vgl. § 4 Abs. 3 Satz 2 WindBG)[39]. Soweit Bauleitpläne aufgestellt wurden, dürfte dies insbesondere der Fall sein, denn nach der Rechtsprechung des BVerwG[40] müssen sich auch die Rotorblätter innerhalb des Plangebiets befinden. Gegenüber den Flächenbeitragswerten nach der Anlage 1 zu § 3 Abs 1 WindBG, führt die Bestimmung in § 4 Abs. 3 Satz 2 WindBG zu einer Reduzierung der auf einer Fläche realisierbaren Leistung, mit der Folge, dass eine Anrechnung dieser Flächen in vollem Umfang auf die Flächenbeitragswerte für die Erreichbarkeit der Ausbauziele nach § 1 Abs. 2 EEG 2023 nur wenig sinnvoll wäre.[41] Dies führt dazu, dass Rotor-innerhalb-Flächen nur anteilig auf die Flächenbeitragswerte anzurechnen sind.

§ 4 Abs. 3 Satz 3 WindBG enthält eine Umrechnungsmethode für Rotor-innerhalb-Flächen, nach der sich die geminderte Nutzbarkeit dieser Flächen abbilden lässt.[42] Dazu ist mittels Analyse der standardisierten Daten geographischer Informationssysteme (GIS) flächenscharf der einfache Rotorradius abzüglich des Turmfußradius einer Standardwindenergieanlage an Land von den Grenzen der ausgewiesenen Fläche abzuziehen. § 4 Abs. 3 Satz 4 WindBG setzt diesen Rotorradius auf den Wert von 75 Metern fest.[43]

Da Rotor-innerhalb-Flächen nur anteilig auf die Flächenbeitragswerte anzurechnen sind, dürfte in der Regel ein Abschlag vorzunehmen sein. Daran dürfte auch der in § 5 Abs. 4 WindBG geregelte Ausnahmefall[44] nichts ändern, weil sich die Vorschrift mit der Anrechenbarkeit auf die Flächen-

---

39 Zur Legaldefinition, vgl. § 2 Nr. 2 WindBG.

40 BVerwG, Urt. v. 21.10.2004 – 4 C 3.04, NVwZ 2005, 208, 210. Für die Raumordnungsplanung ist diese Frage höchstrichterlich noch nicht entschieden. Nach der Rechtsprechung des OVG Lüneburg, Urt. v. 08.02.2022 – 12 KN 51.20, BeckRS 2022, 4142 Rn. 69 muss durch die Planung sichergestellt werden, dass die Rotoren zumindest nicht in die Bereiche hineinreichen dürfen, in denen dies aus Rechtsgründen gerade ausgeschlossen ist, wie in Tieffluggebieten oder in harten Tabuzonen zum Schutz von Vögeln bzw. der Landschaft oder von Flugsicherungs- bzw. Mobilfunkanlagen. Siehe außerdem auch VGH Mannheim, B. v. 20.10.2022 – 14 S 3815.21, NVwZ-RR 2023, 144 (Ls.) in Bezug auf eine nicht von der Konzentrationszone erfasste Fläche; Urt. v. 30.09.2021 – 10 S 1956.20, BeckRS 2021, 32082 Rn. 76 in Bezug auf ein Landschaftsschutzgebiet.

41 So BT-Drs. 20/2355, S. 27.

42 Vgl. BT-Drs. 20/2355, S. 26.

43 Sog. „Pufferung nach innen". Vgl. BT-Drs. 20/2355, S. 26.

44 Diese Ausnahmebestimmung wurde ebenfalls auf Beschlussempfehlung des Ausschusses für Klimaschutz und Energie in § 5 Abs. 4 WindBG eingefügt.

beitragswerte nach dem WindBG bezieht und durch den, zu treffenden, Beschluss die bauleitplanerische Abwägung nicht nachträglich modifiziert werden kann.[45] Die Ausnahmeregelung in § 5 Abs. 4 WindBG erlaubt es dem Planungsträger zu bestimmen, dass im Falle von Bestandsplänen die Rotoren über die Fläche hinausragen dürfen, wenn es dazu bisher an einer ausdrücklichen Bestimmung fehlte.[46]

Soweit keine GIS-Daten vorliegen, bestimmt § 4 Abs. 3 Satz 5 WindBG, dass Rotor-innerhalb-Flächen in Abhängigkeit von der Gesamtgröße mit den Anrechnungsfaktoren nach Anlage 2 als Pauschalwerte angerechnet werden.

3.3 Anrechnung nur bei Planwirksamkeit

§ 4 Abs. 2 WindBG regelt das Verhältnis von Anrechenbarkeit und Wirksamkeit der jeweiligen planerischen Ausweisung. Nach Satz 1 sind ausgewiesene Flächen anrechenbar, sobald und solange der jeweilige Plan wirksam ist. „Sobald" stellt dabei auf das Inkrafttreten des Plans ab. Nicht gehindert wird in diesem Zusammenhang eine Anrechnung ausgewiesener Flächen, wenn der Plan einer noch zulässigen gerichtlichen Überprüfung zugeführt werden kann oder ein Normenkontrollverfahren bereits anhängig ist. „Solange" stellt auf eine dynamische Betrachtung ab, nach der auch nach dem einmaligen Erreichen der Zielwerte des § 3 Abs. 1 Satz 2 WindBG und damit nachträglich eine Verfehlung der Ziele eintreten kann.[47]

Hiervon bestimmen § 4 Abs. 2 Satz 2 und 3 Ausnahmen. Zunächst regelt Satz 2 den Fall einer nachträglichen Zielverfehlung, wenn ein Gericht einen Plan für unwirksam erklärt. Dann waren an den Stichtagen zwar die Flächenbeitragswerte erreicht, sind aufgrund der gerichtlichen Entscheidung aber dennoch rückwirkend verfehlt. Diese Rechtsfolge wird durch Satz 2 zeitlich aufgeschoben, indem eine Übergangsfrist von einem Jahr bestimmt wird, in der die in gerichtlich verworfenen Plänen ausgewiesenen Flächen weiterhin Anrechnung finden. Eine Korrektur der Pläne mittels eines er-

---

45 Daher kann der Planungsträger durch den Beschluss nur darlegen, dass er den betreffenden Plan schon in der Annahme, dass die Rotorblätter die Plangebietsgrenze überragen dürfen, aufgestellt hat.

46 „Solange" der Planungsträgerallerdings keinen Beschluss nach § 5 Abs. 4 WindBG gefasst und öffentlich bekannt gegeben oder verkündet hat, der eine Bestimmung im Hinblick auf die Platzierung der Rotorblätter außerhalb der ausgewiesenen Fläche trifft, vermutet § 2 Nr. 2 WindBG die Ausweisung einer „Rotor-innerhalb-Fläche".

47 Vgl. BT-Drs. 20/2355, S. 26.

gänzenden Verfahrens wird dadurch möglich, ohne dass in dem dafür erforderlichen Zeitraum die Rechtsfolge nach § 249 Abs. 7 BauGB eintritt. Sobald die Übergangsfrist abgelaufen ist, sind ungültig ausgewiesene Flächen nicht mehr anrechenbar. Satz 3 bezieht sich auf den Beginn der Anrechenbarkeit, wonach ein Plan, der vor Ablauf der in § 3 Abs. 1 Satz 2 WindBG genannten Stichtage des 31. Dezember 2027 bzw. des 31. Dezember 2032 zwar beschlossen, aber noch nicht wirksam geworden ist, für sieben Monate ab Beschluss des Plans gewissermaßen „vorwirkend" angerechnet wird. Während der Siebenmonatsfrist können die gegebenenfalls erforderliche Genehmigung und Bekanntmachung bzw. Verkündung vorgenommen werden. Tritt der Plan nach Ablauf der Übergangsfrist nicht in Kraft, gilt wiederum die Grundregel nach § 4 Abs. 2 Satz 1 und die Rechtsfolge des § 249 Abs. 7 BauGB tritt ein.

3.4 Anrechenbarkeit von Braunkohlen- oder Sanierungsplanflächen

§ 4 Abs. 4 WindBG regelt eine weitere Besonderheit der Anrechenbarkeit von Flächen, die sich in einem Abbaubereich eines Braunkohlen- oder Sanierungsplans befinden. Dies gilt aber nur für den Fall, dass durch Rechtsverordnung der jeweiligen Landesregierung eine Bestimmung nach § 249b Abs. 1 BauGB getroffen wurde. Sind die betreffenden Flächen in der Rechtsverordnung ausschließlich auf der Grundlage von § 249b Abs. 1 BauGB festgelegt, können diese auf die Beitragswerte der Spalte 1 der Anlage 1[48] anteilig mit einem Anrechnungsfaktor von 0,5 angerechnet werden.[49]

Dabei besteht nach § 4 Abs. 4 WindBG die weitere Voraussetzung, dass die Rechtsverordnung, für die nach Nr. 1.7 der Anlage 5 zum UVPG auch eine Umweltprüfung durchzuführen ist, bis zum 31. Mai 2024 in Kraft tritt, um gewährleisten zu können, dass die Bundesländer die betreffenden Flächen bei ihrer Berichterstattung nach § 98 Abs. 1 EEG 2023 im Rahmen der Nachweispflichten gemäß § 3 Abs. 3 WindBG berücksichtigen können. Die Anrechnung wird durch den für den Abbaubereich zuständigen Planungsträger nach Maßgabe von § 5 Abs. 1 und 2 WindBG vorgenommen,

---

48 Inwieweit eine Anrechenbarkeit auch auf die Flächenbeitragswerte nach Spalte 2 der Anlage 1 zu § 3 Abs. 1 WindBG möglich ist, soll durch Evaluation geklärt werden (vgl. § 6 Abs. 6 WindBG). Dazu unten III 6.

49 Der Faktor von nur 0,5 resultiert daraus, dass die Flächen nicht in gleichem Maße wie durch planerische Ausweisung eines Vorranggebietes für die Windenergie an Land gesichert werden. Vgl. BT-Drs. 20/4227, S. 16.

indem dieser die nach § 4 Abs. 4 WindBG anrechenbaren Flächen bei der Feststellung des Erreichens der Flächenbeitragswerte berücksichtigt. Ein eigenes Feststellungs- und Publizitätserfordernis für Flächen, die auf der Grundlage von § 249b Abs. 1 BauGB bereitgestellt werden, besteht daher nicht.[50]

4 Möglichkeiten der Länder zur Erfüllung ihrer Flächenausweisungsverpflichtungen

Nach § 3 Abs. 1 Satz 1 WindBG sind die Bundesländer verpflichtet, nach Maßgabe des jeweiligen Flächenbeitragswertes bestimmte Flächen für die Nutzung der Windenergie bereitzustellen. § 3 Abs. 2 WindBG lässt den Ländern dabei die Wahl, auf welche Weise sie diese Aufgabe erfüllen wollen, und stellt ihnen mehrere Möglichkeiten zur Verfügung:

- Flächenausweisungen durch das Land als Planungsträger (eigene Ausweisung),
- Flächenausweisungen durch regionale oder kommunale Planungsträger (Sicherstellung der Ausweisung durch andere Planungsträger).

Ebenso können die Länder darüber entscheiden, auf welcher Planungsebene sie eine planerische Steuerung der Windenergie vornehmen.

4.1 Flächenausweisungen durch das Land als Planungsträger

Nach der ersten Alternative erfüllen die Länder ihre Flächenbereitstellungspflichten, indem sie die zur Erreichung der Flächenbeitragswerte notwendigen Flächen selbst in landesweiten oder regionalen Raumordnungsplänen ausweisen (vgl. § 3 Abs. 2 Satz 1 Nr. 1 WindBG). Angesprochen ist damit zunächst der Fall, dass die Länder selbst planerisch tätig werden und Ausweisungen für die Windenergie an Land in landesweiten Raumordnungsplänen vornehmen oder dass das jeweilige Land Träger der Regionalplanung ist. Dem gleichgestellt ist außerdem auch der Fall, dass das Land auch der Träger der Regionalplanung ist und die Flächenausweisungen durch Regionalpläne vorgenommen werden. Machen die Länder von der in § 3 Abs. 2 Satz 1 Nr. 1 WindBG normierten Alternative Gebrauch, erlaubt

50 Vgl. BT-Drs. 20/4227, S. 16.

§ 3 Abs. 2 Satz 2 WindBG, dass das Land durch ein Landesgesetz oder als Ziele der Raumordnung regionale Teilflächenziele für eigene regionale Raumordnungspläne festlegen kann, die in Summe dann die Flächenbeitragswerte erreichen. Zwingend heranzuziehen ist diese Bestimmung von den Ländern nicht („Kann-Regelung"), doch können sie für den Fall eigener Flächenausweisungen auf diese Weise sicherstellen, dass die Rechtsfolge des § 249 Abs. 2 und in der Folge auch die Sanktionsregelung in § 249 Abs. 7 Satz 1 BauGB nur in der betroffenen Region eintritt.[51]

4.2 Flächenausweisungen durch regionale oder kommunale Planungsträger

Eine zweite Alternative stellt § 3 Abs. 2 Satz 1 Nr. 2 WindBG den Ländern zur Verfügung. Hiernach erfüllen sie ihre Flächenbereitstellungspflichten dadurch, dass sie eine Ausweisung der zur Erreichung der Flächenbeitragswerte notwendigen Flächen durch von ihnen abweichende regionale oder kommunale Planungsträger sicherstellen (§ 3 Abs. 2 Satz 1 Nr. 2 Halbsatz 1 WindBG). Planungsträger dieser zweiten Alternative zur Erfüllung der Flächenbereitstellungspflichten sind damit die Träger der Regional- und Bauleitplanung. Allerdings muss dazu dann das jeweilige Land zur „Sicherstellung", den ihm zugewiesenen Flächenbeitragswert auf diejenige Planungsebene herunterbrechen, der die Aufgabe der Ausweisung von Flächen für die Windenergienutzung an Land zugewiesen worden ist. Dies ergibt sich aus § 3 Abs. 2 Satz 1 Nr. 2 Halbsatz 2 WindBG, wonach bestimmt wird, dass die Länder regionale oder kommunale Teilflächenziele festlegen müssen, die in Summe den Flächenbeitragswert erreichen, und diesen durch ein Landesgesetz oder als Ziele der Raumordnung verbindlich machen. Durch Weitergabe der landesspezifischen Ziele in verbindlicher Form wird der Gleichlauf zwischen den beiden Alternativen in § 3 Abs. 2 Satz Nr. 1 und 2 WindBG im Hinblick auf die Geeignetheit zur Bereitstellung der erforderlichen Flächen gewährleistet.[52] Regionale oder kommunale Teilflächenziele können entweder in der Form eines Landesgesetzes oder als Ziele der Raumordnung in Raumordnungsplänen für die jeweiligen Planungsträger bestimmt werden. Ausweislich der Begründung zum WindBG ist es möglich, dass ein Land in einzelnen Landesteilen verschiedene Planungsebenen für die Flächenbereitstellung in die Pflicht nehmen kann, allerdings nur

51 BT-Drs 20/2355, S. 25.
52 So BT-Drs. 20/2355, S. 25.

dergestalt, dass für dieselbe Fläche nur ein Teilflächenziel entweder auf regionaler oder kommunaler Ebene bestimmt werden kann.[53] Zwar muss ein Bundesland, wenn es selbst Träger der Planung ist, keine regionalen Teilflächenziele festlegen. Doch ist dies den Ländern zu empfehlen, denn dann kann das jeweilige Bundesland auch sicherstellen, dass die Rechtsfolge des § 249 Abs. 2 BauGB und die entsprechende Sanktion bei Nicht-Erreichen der Flächenbeitragswerte nach § 249 Abs. 7 Satz 1 BauGB nur in dem betreffenden Plangebiet eintritt.[54]

4.3 Nachweispflichten der Länder

§ 3 Abs. 3 WindBG dient der vorgelagerten Überprüfung der Umsetzung des Gesetzes hinsichtlich der Flächenbereitstellungspflichten und steht in inhaltlichem Zusammenhang mit den Berichtspflichten in § 6 WindBG. Die Länder sind so zunächst nach § 3 Abs. 3 WindBG verpflichtet, bis zum 31. Mai 2024 im Rahmen ihrer Berichterstattung im EEG-Bund-Länder-Kooperationsausschuss[55] in Abhängigkeit vom gewählten Planungssystem und der herangezogenen Handlungsalternative[56] zum Stand der Flächenbereitstellung zu informieren. Soweit die Länder auf § 3 Abs. 2 Satz 1 Nr. 1 WindBG zurückgreifen und selbst Flächenausweisungen vornehmen, legen sie die entsprechenden Planaufstellungsbeschlüsse vor.[57] Wählen sie die Vorgehensweise nach § 3 Abs. 2 Satz 1 Nr. 2 WindBG haben sie das Inkrafttreten des entsprechenden Landesgesetzes oder des Plans vorzulegen[58], aus dem sowohl die Ableitung der regionalen oder kommunalen Teilziele als auch ihre Verbindlichkeit hervorgeht. § 98 Abs. 5 EEG 2023 enthält eine Auflistung der bereitzustellenden Daten.

Nicht berücksichtigt wurde dabei, dass sich der Flächenbeitragswert eines Bundeslandes auch aus der Kombination unterschiedlicher Planungen auf unterschiedlichen Planungsebenen zusammensetzen kann, denn § 3 Abs. 3 WindBG geht nur von zwei Alternativen aus.[59] Für diejenigen Länder, die auf die Möglichkeit zur Bestimmung landesgesetzlicher Min-

53 Vgl. BT-Drs. 20/2355, S. 25.
54 So auch BT-Drs. 20/2355, S. 25.
55 Siehe zur Einbindung der Nachweispflichten § 98 Abs. 1 EEG 2023.
56 Vgl. hierzu oben III 4.1 und III 4.2.
57 Vgl. § 3 Abs. 3 Nr. 1 WindBG.
58 Vgl. § 3 Abs. 3 Nr. 2 WindBG.
59 Darauf weist Kment (NVwZ 2022, 1153, 1155) zu Recht hin.

destabstände auf der Grundlage von § 249 Abs. 3 BauGB a.F. zurückgegriffen[60], und den erforderlichen Nachweis bis zum 30. November 2024 nicht erbracht haben, hat ein Verstoß gegen die Nachweispflicht des § 3 Abs. 3 WindBG gemäß § 249 Abs. 7 Satz 2 Nr. 1 BauGB zur Folge, dass die landesgesetzlichen Regelungen zu den Mindestabständen unanwendbar werden.

5 Feststellung und Bekanntmachung des Erreichens der Flächenbeitragswerte

Die Bestimmungen in § 5 Abs. 1 und 2 WindBG regeln das Erfordernis der förmlichen Feststellung[61] des Erreichens der Flächenbeitragswerte oder der regionalen oder kommunalen Teilflächenziele und unterscheiden hierzu zwei Fallgestaltungen:

- Erreichen der Flächenbeitragswerte oder der regionalen oder kommunalen Teilflächenziele mit Ausweisung neuer Windenergiegebiete
- Erreichen der Flächenbeitragswerte oder der regionalen oder kommunalen Teilflächenziele ohne Ausweisung neuer Windenergiegebiete.

Bei der amtlichen Feststellung, egal ob zusammen mit der Bekanntmachung und Inkraftsetzung des Plans oder der isolierten Feststellung der Bedarfserfüllung nach § 5 Abs. 2 WindBG, handelt es sich um einen Verwaltungsakt,[62] selbst wenn § 249 Abs. 2 Satz 3 BauGB regelt, dass der „Eintritt der Rechtsfolge der Sätze 1 und 2 gesetzliche Folge der Feststellung" ist.

60 Bayern (vgl. Bayerische Bauordnung (BayBO) i. d. F. der Bekanntmachung vom 14. August 2007 (GVBl. S. 588, BayRS 2132-1-B), die zuletzt durch die §§ 1 und 2 des Gesetzes vom 8. November 2022 (GVBl. S. 650) geändert worden ist); Nordrhein-Westfalen (vgl. Gesetz zur Ausführung des Baugesetzbuches in Nordrhein-Westfalen (BauGB-AG NRW) vom 3. Februar 2022 (GV.NRW, S. 211), das durch das Gesetz vom 13. April 2022, (GV.NRW, S. 671) zuletzt geändert worden ist) Brandenburg (vgl. Gesetz zur Regelung von Mindestabständen von Windenergieanlagen zu Wohngebäuden im Land Brandenburg (Brandenburgisches Windenergieanlagenabstandsgesetz – BbgWEAAbG) vom 20. Mai 2022, GVBl.)/22 Nr. 9) und Sachsen (vgl. Viertes Gesetz zur Änderung der Sächsischen Bauordnung vom 1. Juni 2022, SächsGVBl. S. 366).

61 Hierbei sind die sich aus § 4 WindBG ergebenden Anforderungen, insbesondere in Bezug auf die Wirksamkeit der Planung zu beachten. Vgl. hierzu III 4.3.

62 So zu Recht und mit weiterer Begründung Schmidt-Eichstaedt, ZfBR 2023, 10, 10.

5.1 Erreichen der Flächenbeitragswerte mit Ausweisung neuer Windenergiegebiete

Die Feststellung des Erreichens der Flächenbeitragswerte ist erforderlich, um die Rechtsfolge gemäß § 249 Abs. 2 BauGB auszulösen. Zuständig für die Feststellung ist der Planungsträger, der die Flächenbereitstellung entsprechend § 3 Abs. 2 Satz 1 Nr. 2 und Satz 2 WindBG zu gewährleisten hat. Soweit das Land selbst Planungsträger ist, ergibt sich die Bindung an die Flächenbeitragswerte unmittelbar aus dem Gesetz, im Falle der Ausweisung in den Plänen der Raumordnung oder der Bauleitplanung mit der Festsetzung regionaler oder kommunaler Teilflächenziele entweder durch Landesgesetz oder durch Ziele der Raumordnung.

Dem folgend bestimmt § 5 Abs. 1 Satz 1 Halbsatz 1 WindBG, dass der Planungsträger in dem Beschluss über den Plan feststellt, dass der Plan mit den Flächenbeitragswerten oder den Teilflächenzielen nach § 3 Abs. 2 Satz 1 Nr. 2 oder Satz 2 WindBG in Einklang steht. Hierzu enthält Abs. 1 Satz 1 Halbsatz 2 eine Präzisierung, um der Differenzierung hinsichtlich der anrechenbaren Flächen Rechnung tragen zu können. Der Flächenbeitragswert oder das Teilflächenziel ist unter Angabe des jeweiligen Stichtages nach Anlage 1 zu § 3 Abs. 1 WindBG zu bezeichnen und es ist außerdem auszuführen, welche Flächen in Windenergiegebieten nach § 2 Nr. 1 WindBG sowie welche Flächen nach § 4 Abs. 1 Satz 3 WindBG, und Abs. 4 WindBG angerechnet werden, jeweils unter Angabe des Umfangs der angerechneten Fläche.[63] Das beinhaltet auch die Aufgabe, bei der Planaufstellung die Vereinbarkeit mit den Flächenbeitragswerten sowie den daraus abgeleiteten Teilflächenzielen zu prüfen. Soweit der Plan der Genehmigung[64] bedarf, ist die Feststellung nach § 5 Abs. 1 Satz 2 WindBG durch die nach Landesrecht zuständige Behörde vorzunehmen. Die Feststellung nimmt nach § 5 Abs. 1 Satz 3 WindBG an der Bekanntgabe oder der Verkündung des Plans, der Genehmigung oder des Beschlusses teil und stellt die erforderliche Publizität im Hinblick auf die Rechtsfolge in § 249 Abs. 2 BauGB her. Sie ist Bestandteil des jeweiligen Plans und erfolgt auf der Grundlage der dafür einschlägigen Vorschriften, sodass eine isolierte Bekanntmachung

63 § 5 Abs. 1 Satz 1 Halbsatz 2 WindBG wurde durch das Gesetz zur sofortigen Verbesserung der Rahmenbedingungen für Erneuerbare Energien im Städtebaurecht geändert, um der Anrechenbarkeit von Flächen nach § 4 Abs. 4 WindBG, die mit dem demselben Gesetz erst ermöglicht wurde, Rechnung tragen zu können. Vgl. BT-Drs. 20/4704, S. 19.

64 Das ist bei Flächennutzungsplänen generell der Fall (vgl. § 6 Abs. 1 BauGB).

oder Verkündung der Feststellung nicht vorgenommen zu werden braucht. Ausweislich der gesetzlichen Begründung[65] ist die Feststellung über das Erreichen der Flächenbeitragswerte oder der regionalen bzw. kommunalen Teilflächenziele ein unselbstständiger Teil der Planung und nicht isoliert gerichtlich angreifbar.

5.2 Erreichen der Flächenbeitragswerte ohne Ausweisung neuer Windenergiegebiete

Erfüllen bereits vorhandene Pläne die Flächenbeitragswerte oder die regionalen oder kommunalen Teilflächenziele auch ohne Ausweisung von neuen Windenergiegebieten, hat der Planungsträger auch dies entsprechend den in § 3 Abs 1 Satz 2 WindBG festgelegten Zeitpunkten festzustellen, die Feststellung öffentlich bekannt zu geben oder zu verkünden. Diese in § 5 Abs. 2 Satz 1 WindBG enthaltene Anforderung ist ebenso in Bezug auf die Publizität der Rechtsfolge des § 249 Abs. 2 BauGB erforderlich. Mit dem Eintritt der Bindungswirkung, obliegt es den Planungsträgern auch zu prüfen, ob es weiterer Planungen bedarf. Ist dies nicht der Fall, sind auch weitere Neuplanungen nicht erforderlich.[66] Gleichwohl bedarf es auch in diesem Fall der öffentlichen Bekanntmachung oder Verkündung der Feststellung. Allerdings bleibt trotz des Erreichens des Flächenbeitragswerts die Ausweisung zusätzlicher Flächen für die Nutzung der Windenergie unbenommen.[67]

Eine erneute Genehmigung der Planung wird durch die Vorschriften des WindBG nicht verlangt.[68] Auch ergibt sich allein aus der Bekanntmachung der Feststellung noch nicht, welche bislang im Plan ausgewiesenen Flächen für die Nutzung der Windenergie zur Erreichung des Flächenbeitragswerts oder eines daraus abgeleiteten Teilflächenziels geführt haben. Diese Information muss auch bekannt gemacht werden, denn die Genehmigungsbehörden sind im Zulassungsverfahren an die Rechtsfolgen der Feststellung gebunden.

65 BT-Drs. 20/2355, S. 28.

66 Raschke/Roscher, ZfBR 2022, 531, 534; Scheidler, BauR 2022, 1419, 1425.

67 Hierauf weist § 249 Abs. 4 BauGB, wonach die Feststellung des Erreichens eines Flächenbeitragswerts oder Teilflächenziels der Ausweis ausdrücklich hin.

68 Dies einfordernd: Raschke/Roscher, ZfBR 2022, 531, 534, die aber zu Recht für die Bundesländer auch die Möglichkeit sehen, diesbezügliche Verfahrensregelungen zu treffen und insoweit auch eine Möglichkeit zur Beteiligung der höheren Verwaltungsbehörde sehen.

6 Evaluierungen, Berichtspflichten, Anpassungen des WindBG

§ 6 WindBG[69] enthält umfangreiche Regelungen zu Evaluierungen, Berichtspflichten und in der Folge, zur gegebenenfalls erforderlichen Anpassung des WindBG.[70] Adressaten sind je nach Anforderung die Bundesregierung oder das zuständige Ministerium für Wirtschaft und Klimaschutz.

IV Bewertung

Neben einigen vorangehend schon angesprochenen Fragestellungen im Zusammenhang mit der praktischen Umsetzung der Anforderungen des WindBG ist noch auf einen weiteren und wichtigen Kritikpunkt hinzuweisen. Bei dem WindBG geht es im Einzelnen um die Bereitstellung von Flächen für die Nutzung der Windenergie, und zwar ausschließlich hierfür. Dies wirft die Frage nach den ebenfalls eine Berücksichtigung verlangenden Anforderungen der anderen erneuerbaren Energien auf. Beispielsweise sind auch diese, auf entsprechende Flächen für ihre Nutzung angewiesen. Anzuführen sind in erster Linie erneuerbare Energien wie Photovoltaik, Biogas oder Wasserkraft sowie auch der Einsatz von Wasserstoff, die, gleichwohl in unterschiedlichem Umfang, ebenfalls einem Ausbau gegenüberstehen, denn allein durch eine Nutzung der Windkraft, können die vorangehend angesprochenen Ausbauziele nicht erreicht werden.

Mit dem WindBG soll der den Ausbau der Windenergienutzung hemmende Mangel an Flächenverfügbarkeit angegangen werden. Der Bundesgesetzgeber hat hierzu flankierend und auch noch laufend in vielen anderen Gesetzesbereichen weitere, die erneuerbaren Energien einschließlich der vorliegend im Mittelpunkt stehenden Windkraft fördernde, Gesetzesnovellierungen angestoßen, um die Ausbauziele des EEG 2023 sowie des KSG erreichen zu können. Allerdings sind die Regelungen nicht nur des WindBG, sondern auch ihre Verzahnungen mit den anderen Gesetzesbereichen, insbesondere des BauGB, komplex und in ihrer praktischen Umsetzung nicht auf – die eigentlich notwendige - Kurzfristigkeit angelegt. Auch ist es möglich, dass die einzelnen im WindBG enthaltenen Bestimmungen

---

69 Abs. 6 eingefügt durch Art. 5 Nr. 4 des Gesetzes zur sofortigen Verbesserung der Rahmenbedingungen für die erneuerbaren Energien im Städtebaurecht vom 4. Januar 2023.

70 Siehe hierzu die Ausführungen von Schmidt-Eichstaedt, ZfBR 2023, 10, 11 f. zu Terminkalender und Pflichtenheft.

aufgrund ihrer Unklarheit und verfassungsrechtlichen Legitimation erhebliche Rechtsstreitigkeiten und damit verbundene Rechtsunsicherheiten hervorrufen, die den erhofften Ausbau ausbremsen können.

Und dann ist auch noch die Planungspraxis da, die es – allerdings noch auf vormals geltender Rechtsgrundlage – nicht geschafft hat, den Ausbau der Windenergie in zufriedenstellender Weise herbeizuführen. Im Bundesland Brandenburg liegt nach mehr als 30 Jahren noch kein genehmigter sowie auch von der Rechtsprechung bestätigter Regionalplan vor. Zwar sind dies ernstzunehmende Probleme, doch dürfen diese für den Bundesgesetzgeber auch nicht Rechtfertigung dafür sein, nichts zu tun und sich mit einem rückläufigen Ausbau auf den Feldern der Windenergienutzung zufrieden zu geben. Deshalb ist es richtig, neue Ansätze, wie sie mit dem WindBG eingeleitet wurden, zu konzipieren, um Abhilfe schaffen zu können.

Ob dies durch die Regelungen des WindBG gelungen ist und inwieweit die damit verfolgte Zielsetzung erreicht werden kann, wird sich erst in einigen Jahren zeigen,[71] sie nehmen die Planungs- und Genehmigungspraxis aber schon jetzt in die Pflicht.

71 Auch Saurenhaus, BauR 2023, 1.

Neues Zulassungsregime für Windenergieanlagen

Von Prof. Dr. Olaf Reidt

Der Gesetzgeber hat mit dem am 1.02.2023 in Kraft getretenen Wind an Land-Gesetz[1] die Steuerung der Windenergie neu ausgerichtet. Um diese Neuerungen verstehen und einordnen zu können, ist es zunächst geboten, die allgemeinen bauplanungsrechtlichen Grundlagen für die Zulässigkeit von Windenergieanlagen darzustellen und die bisher hierfür bestehenden Möglichkeiten zur planerischen Steuerung. Daraus lässt sich erkennen, worin genau die gesetzgeberischen Neuerungen bestehen, zu denen nachfolgend dann ein entsprechender Überblick gegeben wird.

I Die wesentlichen bauplanungsrechtlichen Grundlagen für die Zulässigkeit von Vorhaben

Das Städtebaurecht unterscheidet zwischen Vorhaben im Geltungsbereich eines Bebauungsplans (§ 30 BauGB[2]), Vorhaben innerhalb der im Zusammenhang bebauten Ortsteile (§ 34 BauGB) und Vorhaben im Außenbereich (§ 35 BauGB). Vorhaben im Geltungsbereich eines Bebauungsplans sind in der Regel dann aus bauplanungsrechtlicher Sicht und vorbehaltlich sonstiger Anforderungen etwa aus dem Bereich des Naturschutzrechts oder des Denkmalrechts, zulässig, wenn sie der Festsetzungen des Bebauungsplans nicht widersprechen. Innerhalb der im Zusammenhang bebauten Ortsteile ist ein Vorhaben in der Regel zulässig, wenn es sich nach den in § 34 Abs. 1 BauGB abschließend benannten Kriterien (insbesondere Art und Maß der baulichen Nutzung) in die Eigenart der näheren Umgebung einfügt, dort also bereits entsprechende Vorbilder findet. Alles, was nicht zum Geltungsbereich eines Bebauungsplans und zu einem im Zusammenhang bebauten Ortsteil zählt, ist Teil des Außenbereichs, bei dem sich die Zulässigkeit von

1 Gesetz zur Erhöhung und Beschleunigung des Ausbaus an Windenergieanlagen an Land vom 20.07.2022 (BGBl I, 1353).

2 Baugesetzbuch in der Fassung der Bekanntmachung vom 3. November 2017 (BGBl. I S. 3634), zuletzt geändert durch Artikel 2 des Gesetzes vom 4. Januar 2023 (BGBl. I Nr. 6).

Vorhaben nach § 35 BauGB richtet. Im Außenbereich unterscheidet das Städtebaurecht zwischen den Vorhaben nach § 35 Abs. 1 BauGB, den sog. privilegierten Vorhaben, und den sonstigen Vorhaben (§ 35 Abs. 2 BauGB). Die in dem abschließenden Katalog des § 35 Abs. 1 BauGB aufgeführten Vorhaben sind im Außenbereich zulässig, wenn ihnen öffentliche Belange nicht entgegenstehen. Sonstige Vorhaben nach § 35 BauGB können demgegenüber im Einzelfall zugelassen werden, wenn ihre Ausführung oder Benutzung öffentliche Belange nicht beeinträchtigt. Sowohl bei einem privilegierten als auch bei den sonstigen (nicht privilegierten) Vorhaben geht es also um öffentliche Belange. Welche öffentlichen Belange bei Außenbereichsvorhaben von Bedeutung sind, ergibt sich im Wesentlichen aus dem Katalog des § 35 Abs. 3 BauGB. Dieser Katalog ist zwar nicht abschließend, zählt allerdings gleichwohl die in der Praxis wichtigsten öffentlichen Belange auf, die einem Vorhaben im Außenbereich entgegenstehen oder durch dieses beeinträchtigt werden können. Es geht dabei insbesondere um Darstellungen eines gemeindlichen Flächennutzungsplans, denen ein Vorhaben widersprechen kann, um schädliche Umwelteinwirkungen, die durch das Vorhaben hervorgerufen werden können oder denen es ausgesetzt wäre, um Belange des Naturschutzes und der Landschaftspflege, die Agrarstruktur oder auch die nicht erwünschte Entstehung, Verfestigung oder Erweiterung einer Splittersiedlung im Außenbereich.

Ob öffentliche Belange einem Vorhaben entgegenstehen oder durch dieses beeinträchtigt werden, ist nicht nur eine sprachliche Unterscheidung. Der Gesetzgeber misst ihr vielmehr eine wesentliche Bedeutung bei. So sind nach § 35 Abs. 1 BauGB privilegierte Vorhaben, wie etwa landwirtschaftliche oder gartenbauliche Betriebe, Versorgungseinrichtungen u.ä. nach dem Willen des Gesetzgebers gleichsam planartig, also ähnlich wie durch einen Bebauungsplan, dem Außenbereich zugewiesen. Der Gesetzgeber hat gleichsam ersatzweise für die Kommunen den Außenbereich beplant. Diese Planung soll gelten, solange und soweit sich in dem betreffenden Bereich der Gemeinde kein im Zusammenhang bebauter Ortsteil entwickelt hat (§ 34 BauGB) oder die Gemeinde für diesen Bereich einen Bebauungsplan aufgestellt hat (§ 30 BauGB). Folge ist, dass sich privilegierte Außenbereichsvorhaben gegenüber dort möglicherweise relevanten öffentlichen Belangen in der Regel durchsetzen sollen. Es findet zwar im jeweils konkreten Fall eine die gesetzlichen Vorgaben nachvollziehende Abwägung der zuständigen Genehmigungsbehörde statt, jedoch ist hierbei im Hinblick auf den gesetzgeberischen Willen, dass sich privilegierte Außenbereichsvorhaben in der Regel gegenüber entgegenstehenden Belangen durchsetzen sollen, den betreffenden Vorhaben entsprechend hohes Gewicht beizumessen.

Demgegenüber gilt für die sonstigen Vorhaben der allgemeine Grundsatz einer größtmöglichen Schonung des Außenbereichs. Daher sind öffentliche Belange i.S.v. § 35 Abs. 2 BauGB in der Regel schon bei einem sehr geringen Maß an Betroffenheit im Rechtssinne beeinträchtigt. Hier sollen sich also in der Regel die öffentlichen Belange gegenüber einem geplanten Vorhaben regelmäßig durchsetzen. Es bedarf zwar ebenso wie bei privilegierten Vorhaben einer nachvollziehbaren Abwägung der widerstreitenden Belange, sodass – entsprechend auch dem Gesetzeswortlaut in § 35 Abs. 2 BauGB – im Einzelfall durchaus auch sonstige Vorhaben genehmigungsfähig sind[3], jedoch ist dies im Unterschied zu privilegierten Vorhaben nicht die Regel, sondern die Ausnahme.[4]

II Die bisherige planerische Steuerung von Windenergieanlagen

1.

Ursprünglich zählten Windenergieanlagen nicht zu den privilegierten Außenbereichsvorhaben nach § 35 Abs. 1 BauGB. Sie waren also dort regelmäßig unzulässig. Eine Zulässigkeit nach § 34 BauGB schied und scheidet auch heute noch in der Regel jedenfalls für größere Windenergieanlagen aus, da es praktisch keine im Zusammenhang bebauten Ortsteile gibt, in die sich derartige Anlagen einfügen. Windenergieanlagen waren daher regelmäßig darauf angewiesen, dass Gemeinden Bebauungspläne aufstellen, um sie zu ermöglichen.

Der Gesetzgeber hat dies im Jahr 1996 zur Veranlassung genommen, den Kreis der privilegierten Außenbereichsvorhaben um Anlagen, die der Erforschung, Entwicklung oder Nutzung der Windenergie dienen, zu erweitern (nunmehr § 35 Abs. 1 Nr. 5 BauGB).[5] Aufgrund des politischen Widerstandes wollte man aber auch ein „Gegengewicht" zu dieser generellen Privilegierung schaffen. Aus diesem Grunde hat der Gesetzgeber gleichzeitig in § 35 Abs. 3 Satz 3 BauGB einen sog. Planvorbehalt eingeführt, um

---

3 S. etwa OVG Saarlouis, Beschluss vom 13.02.2019 – 2 B 251.18, NVwZ-RR 2019, 763.

4 S. vertiefend zu den gesetzlichen Anforderungen an die Zulässigkeit von Außenbereichsvorhaben etwa Mitschang/Reidt, in: Battis/Krautzberger/Löhr, Baugesetzbuch, 15. Auflage 2022, § 35 Rn. 68 ff. m.w.N.

5 BGBl. I 1996, 1189.

eine Mehrzahl von privilegierten Außenbereichsvorhaben, vor allem aber Windenergieanlagen, planerisch auch ohne die Aufstellung eines Bebauungsplans steuern zu können. Nach § 35 Abs. 3 Satz 3 BauGB stehen u.a. Windenergieanlagen öffentliche Belange in der Regel entgegen, soweit hierfür durch Darstellungen im Flächennutzungsplan oder als Ziele der Raumordnung eine Ausweisung an anderer Stelle erfolgt ist. Die Gemeinden oder auf der Ebene der Raumordnung insbesondere auch die regionalen Planungsträger sollten für ihren Planungsraum (Gemeindegebiet, Planungsraum des jeweiligen regionalen Planungsträgers, z.B. einen Landkreis) die Möglichkeit haben, eine sog. Konzentrationszonenplanung vorzunehmen. Deren Sinn sollte darin bestehen, dass in Teilen des Außenbereichs des betreffenden Planungsträgers Windenergieanlagen (bevorzugt) zulässig sind, während sie im übrigen Außenbereich des Planungsträgers in der Regel unzulässig sind. Es ging also mit anderen Worten darum, die gesetzlich an sich aus § 35 Abs. 1 BauGB folgende Privilegierung nicht für den gesamten Außenbereich, sondern nur für einen Teil davon zu schaffen, um auf diese Weise insbesondere auch den Gemeinden die Möglichkeit zu geben, Teile ihres Außenbereichs von Windenergieanlagen freizuhalten.

2.

Um diese Regelungen und die damit verbundenen Anforderungen gab es von Anfang an unzählige Streitigkeiten. Das Bundesverwaltungsgericht hatte bereits sehr früh herausgearbeitet, dass eine solche Konzentrationszonenplanung aufgrund der mit ihr einhergehenden Negativwirkung außerhalb von Konzentrationszonen auf einem insgesamt schlüssigen Planungskonzept beruhen müsse, das sich auf den gesamten Außenbereich des Planungsträgers erstreckt. Zugleich dürfe, so das Bundesverwaltungsgericht, die betreffende Flächennutzungs- oder Raumordnungsplanung nicht dazu benutzt werden, um unter dem Deckmantel der Steuerung von Windenergieanlagen eher darauf abzuzielen, diese zu verhindern (verkappte Verhinderungsplanung, „Feigenblatt-Planung“).[6] Der Windenergie musste also, so das Bundesverwaltungsgericht und ihr nachfolgend auch die Instanzgerichte, angesichts der ihr durch den Gesetzgeber

6 S. BVerwG, Urteil vom 17.21.2002 – 4 C 15.01, BVerwGE 117, 287; Gatz, DVBl. 2017, 461 ff.; Mitschang/Reidt, in: Battis/Krautzberger/Löhr, 15. Auflage 2022, § 35 Rn. 111 ff. jeweils m.w.N.

durch § 35 Abs. 1 Nr. 5 BauGB eingeräumten Privilegierung auch bei einer Konzentrationsplanung substanziell Raum verschafft werden.

Dies klingt einleuchtend, stieß allerdings bei vielzähligen Konzentrationszonenplanungen auf hohe Hürden und Hindernisse, die im Ergebnis zur Folge hatten, dass der wohl überwiegende Teil der Konzentrationsplanungen bei gerichtlichen Überprüfungen keinen Bestand hatte. Die Rechtsprechung hatte in diesem Zusammenhang ein dreistufiges Modell für die Planung von Konzentrationszonen entwickelt, das zusammengefasst wie folgt aussah: Auf einer ersten Stufe waren für den Außenbereich des jeweiligen Planungsraums zunächst die Flächen auszuscheiden, auf denen aus tatsächlichen oder rechtlichen Gründen Windenergieanlange gar nicht errichtet werden können (sog. harte Tabuzonen). Auf einer zweiten Stufe konnte der Planungsträger dann abstrakt Kriterien für Flächen festlegen, die er von der Ansiedlung von Konzentrationszonen pauschal ausnehmen wollte, auch wenn sie dort an sich nicht an tatsächlichen oder rechtlichen Realisierungshemmnissen scheitern würden (z.B. Pufferzonen um Siedlungsbereiche im angemessenen Umfang). Auf den dann noch verbleibenden Potenzialflächen waren dann in einem Umfang Flächen für Windenergie auszuweisen, der sicherstellt, dass dieser unter Berücksichtigung des gesamten Planungsraums, der dort vorhandenen Restriktionen und des Umstandes, dass der Gesetzgeber Windenergieanlagen im Außenbereich privilegiert hat, Windenergieanlagen substanziell Raum verschafft. Für den Fall, dass dies nicht mehr möglich war, weil nicht mehr genug Potenzialflächen zur Verfügung standen, war der Plangeber verpflichtet, auf die Stufe der weichen Tabukriterien zurückzugehen und die entsprechenden Kriterien so anzupassen, dass in hinreichendem Umfang Potenzialflächen zur Verfügung stehen, um dort dann in substanziellem Umfang Flächen für die Windenergie festzusetzen.

Diese Systematik entbehrt im Sinne einer gestuften Prüfungsreihenfolge und Abschichtung keinesfalls planerischer Logik. Im Gegenteil ist sie sogar weitgehend durch die Struktur des planerischen Abwägungsgebots (s. insbesondere § 1 Abs. 7 BauGB) vorgegeben. Dennoch wurde die Rechtsprechung vielfach für vermeintlich überzogene Anforderungen gescholten, weil Konzentrationszonenplanungen in der Rechtsprechung reihenweise scheiterten.[7] Jedenfalls im Kern und abgesehen von möglicherweise in kon-

7 S. nur den Überblick zu der diesbezüglichen Rechtsprechung bei Mitschang/Reidt, in: Battis/Krautzberger/Löhr, 15. Auflage 2022, § 35 Rn. 111 ff.

kreten Einzelfällen überzogenen Anforderungen insbesondere der Instanzgerichte war und ist diese Kritik jedoch weitgehend unbegründet. Die Ursachen für ein Scheitern vieler Konzentrationszonenplanungen für Windenergieanalgen lagen zum einen in der Unschärfe der gesetzlichen Anforderungen selbst. Dies gilt insbesondere für den Begriff der harten Tabuzonen. Es gibt keine klaren normativen Vorgaben dafür, wann aus tatsächlichen oder rechtlichen Gründen eine Fläche für die Ansiedlung von Windenergieanlagen ausscheidet. In tatsächlicher Hinsicht gibt es daher, abgesehen von vorhandenen Siedlungsbereichen und anderen ganz offensichtlich ausscheidenden Flächen (z.B. Gewässer) zahlreiche Wertungsspielräume. Dies gilt etwa für die Frage, welche Windhöffigkeit für die Eignung einer Fläche überhaupt notwendig ist, ob und in welchem Umfang Windenergieanlagen in Wäldern möglich sind usw. Für die rechtlichen Hindernisse gilt weitgehend nichts anderes. Insbesondere der Immissionsschutz in Bezug auf die Beeinträchtigung von Menschen und der besondere Artenschutz (s. insbesondere § 44 BNatSchG[8]) enthalten keine so exakten Vorgaben, wie man dies mitunter glaubt. Etwa für den Immissionsschutz in Bezug auf Geräusche enthält die maßgebliche TA Lärm Richtwerte, hingegen keine Grenzwerte, wobei zudem den Besonderheiten der Anlagengeräusche bei Windenergie Rechnung getragen werden muss. Artenschutzrechtliche und auch sonstige naturschutzrechtliche Verbotstatbestände sind in der Regel dadurch gekennzeichnet, dass sie in den einschlägigen Gesetzen mit Ausnahme- und Befreiungstatbeständen kombiniert sind (s. z.B. § 44 Abs. 7 BNatSchG für den Artenschutz), also im reinen Wortsinne von vornherein kein ganz harter und strikter Ausschluss besteht. Dies alles machte die Festlegung von harten Tabukriterien, die zu einem generellen Ausschluss der betreffenden Flächen führten, nicht einfach. Gleichzeitig bedeutet ein genereller Ausschluss von Flächen mangels Eignung, dass insofern keine planerische Abwägung von Vor- und Nachteilen dieser Flächen im Vergleich zu anderen Flächen mehr stattfindet. Aus rechtlicher Sicht ist dies ein Abwägungsausfall, der bereits für sich genommen zur Unwirksamkeit des betreffenden Plans führt, dies selbst dann, wenn dem jahrelange Vorarbeiten vorausgegangen sind.

Neben den rein rechtlichen Anforderungen kam der vom Bundesverwaltungsgericht bereits sehr frühzeitig erkannte Aspekt der verkappten Verhin-

8 Bundesnaturschutzgesetz (Gesetz über Naturschutz und Landschaftspflege) vom 29. Juli 2009 (BGBl I S. 2542), zuletzt geändert durch Artikel 3 des Gesetzes vom 8. Dezember 2022 (BGBl. I S. 2240).

derungsplanung hinzu. Man merkte und merkt vielen dieser Pläne an, dass die für die Flächenauswahl herangezogenen Kriterien weniger dazu genutzt wurden, im eigentlichen Sinne die Ansiedlung von Windenergieanlagen zu steuern als vielmehr dafür, sie weitestmöglich - im Idealfall sogar unter Hinweis darauf, dass es in der betreffenden Gemeinde gar keine geeigneten Flächen gibt, vollständig - zu verhindern. Dies war zumeist, wie die Rechtsprechung eindrucksvoll zeigt, zum Scheitern verurteilt. Selbst wenn man jedoch Aspekte wie eine gezielte Verhinderungsplanung außer Betracht lässt, waren viele Planungsträger mit einer Konzentrationszonenplanung aufgrund der damit verbundenen Komplexität schlicht überfordert. Man muss sich insofern vor Augen halten:

Wird ein Bebauungsplan aufgestellt, der an sich die präziseste Steuerung des städtebaulichen Geschehens darstellt, muss sich die Gemeinde (nur) darüber Gedanken machen, was innerhalb dieses Plangebiets zulässig oder unzulässig ist und dazu eine entsprechende planerische Entscheidung treffen. Darüber hinaus muss sie in der Regel allenfalls noch den Nahbereich um das Plangebiet herum in den Blick nehmen, etwa wenn es um die Festsetzung eines Gewerbe- oder Industriegebiets geht, weil dies im Hinblick auf die damit verbundenen Immissionen, die in der Nachbarschaft des Plangebiets vorhandene schutzbedürftige Nutzung beeinträchtigen kann. Entsprechendes gilt für den mit einer neuen Planung ggf. verbundenen Fahrzeugverkehr o.ä. Insgesamt bleibt es allerdings bei einer eher kleinräumigen Planung, bei der der sonstige Planungsraum, in der Regel also bei einer kommunalen Planung das gesamte sonstige Gemeindegebiet, weitestgehend unberücksichtigt bleiben kann.

Demgegenüber geht es bei einer Konzentrationszonenplanung nach § 35 Abs. 3 Satz 3 BauGB darum, dass die Gemeinde ihren gesamten Außenbereich in Bezug auf Windenergieanlagen vollständig beplant, also nicht nur wie bei einem Bebauungsplan festlegt, was innerhalb des Plangebiets bzw. der Konzentrationszone zulässig ist. Vielmehr legt sie gleichzeitig auch fest, dass Windenergieanlagen außerhalb der Konzentrationszone in der Regel unzulässig sind. Regelt ein Bebauungsplan etwa, dass innerhalb des Plangebiets Wohngebäude zulässig sind, bedeutet dies nicht, dass Wohngebäude außerhalb des Plangebiets unzulässig wären. Bei einer Konzentrationszone für Windenergieanlagen ist dies jedoch, wie dargestellt, sehr viel weitergehender. Ein Richter des für das Städtebaurecht zuständigen 4. Senats des Bundesverwaltungsgerichts, der in früherer Zeit als Rechtsanwalt in der Kanzlei Redeker Sellner Dahs tätig war, merkte hierzu einmal sehr zutreffend an, dass sich Gemeinden oder regionale Planungsträger mit einer

Konzentrationszonenplanung einen sehr großen Rucksack aufbürden und sich daher auch nicht wundern dürfen, wenn sie unter der großen Last dieses Rucksacks dann auch zusammenbrechen.

3.

Neben dem Planvorbehalt nach § 35 Abs. 3 Satz 3 BauGB hat der Gesetzgeber im Zusammenhang mit Windenergie mit § 249 Abs. 3 BauGB für die Länder eine sog. Öffnungsklausel geschaffen, um die Privilegierung von Windenergieanlagen im Außenbereich noch zusätzlich einzuschränken. Hierbei geht es um bestimmte Mindestabstände zu schutzbedürftigen Nutzungen, insbesondere zu Wohnnutzungen, für die Länder generalisierende Anforderungen regeln konnten.[9] Als erstes Land und dabei zudem in besonders prägnanter Weise hat davon der Freistaat Bayern mit seiner in Art. 82 Abs. 1 BayBO[10] geregelten 10 H-Regelung Gebrauch gemacht. 10 bedeutet dabei das 10-fache der Gesamthöhe der betreffenden Windenergieanlage. Der sich daraus ergebende Wert soll für privilegierte Windenergieanlagen der Mindestabstand sein, der zu Wohngebäuden in Bebauungsgebieten oder bebauten Ortsteilen eingehalten werden musste. Bei einer Windenergieanlage von 200 m, was hierfür einen durchaus realistischen Referenzwert darstellt, bedeutet dies also einen Mindestabstand von 2 km. Betrachtet man gleichzeitig in Bayern die vorhandenen Siedlungsbereiche und die Bereiche, die für Windenergieanlagen von vornherein nicht zur Verfügung stehen (z.B. die Alpen) und nimmt man bei der Restfläche einen Mindestabstand von 2 km zu relevanten Wohnnutzungen hinzu, wird deutlich, dass nicht mehr sehr viele Flächen übrigbleiben, sodass es auch nicht verwundert, dass die Anzahl der in Bayern realisierten Windenergieanlagen im Bundesvergleich weit hinten steht. Dabei darf auch nicht übersehen werden, dass es nach der Rechtsprechung im Hinblick auf Geräuschimmissionen, Verschattung, Disco-Effekt usw. regelmäßig vollkommen ausreichend ist, wenn Windenergieanlagen einen Abstand zu Wohngebäuden

---

9 Zu dieser Regelung und ihren Änderungen s. etwa Mitschang/Reidt, in: Battis/Krautzberger/Löhr, 15. Auflage 2022, § 249 Rn. 13 ff.

10 Bayerische Bauordnung (BayBO) in der Fassung der Bekanntmachung vom 14. August 2007 (GVBl. S. 588), zuletzt geändert durch § 2 des Gesetzes vom 10. Februar 2023 (GVBl. S. 22).

im Umfang der 3-fachen Anlagenhöhe einhalten.[11] Gleichwohl wurde die Verfassungsmäßigkeit der Bayerischen Regierung bestätigt.[12]

Andere Länder sind dem bayerischen Beispiel gefolgt, allerdings mit mehr Augenmaß. So regelt beispielsweise § 2 BauGB-AG NRW[13] für Nordrhein-Westfalen einen grundsätzlichen Mindestabstand von 1.000 m zu Wohngebäuden.[14] Auch dies allerdings bleibt hinter dem zurück, was nach der Rechtsprechung im Hinblick auf die Zumutbarkeit von Windenergieanlagen hinnehmbar ist und stellt insofern eine nicht unwesentliche Beschränkung der Außenbereichsprivilegierung dar. Andererseits ist sie nicht zuletzt im Hinblick auf spätere Siedlungserweiterungen u.ä. nachvollziehbar und hat in Bezug auf die Pauschalierung mit einer bestimmten Maßzahl (1.000 m) den Vorteil einer relativ einfachen Handhabung für sich.

III Das neue Recht aufgrund des Wind an Land-Gesetzes

1.

In der Erkenntnis eines unzureichenden Ausbaus der Windenergie, dies insbesondere nach dem Regierungswechsel 2022, und auch unter dem Eindruck des Ukraine-Krieges, sah sich der Gesetzgeber veranlasst, das Recht zum Ausbau der Windenergie an Land weitgehend umzugestalten. Hierfür erließ er das am 1.02.2023 in Kraft getretene sog. Wind an Land-Gesetz.[15] Ziel des Gesetzes ist es, den Ausbau der Windenergie an Land zu erleichtern und mindestens 2 % der Bundesfläche für Windenergie vorzusehen. Dies entspricht mehr als einer Verdoppelung der bisherigen Flächen für Windenergie. Die wesentlichen Bausteine des als Artikelgesetz erlassenen Wind an Land-Gesetzes sind das Windenergieflächenbedarfsgesetz (WindBG) sowie Änderungen im Baugesetzbuch und im Raumordnungsgesetz.

Hierfür regelt das Windenergieflächenbedarfsgesetz zunächst ein „Herunterbrechen" der 2 %-Regelung auf die einzelnen Länder. Angesichts

---

11 OVG Münster, Beschluss vom 29.06.2017 – 8 B 1233.16, juris.

12 BayVerfGH, Entscheidung vom 9.05.2016 – Vf. 14 – VII-14, NVwZ 2016, 999.

13 Gesetz zur Ausführung des Baugesetzbuches in Nordrhein-Westfalen vom 3. Februar 2015 (GV. NRW: S. 211), zuletzt geändert durch Gesetz vom 14. März 2023 (GV. NRW. S. 176).

14 S. nunmehr auch § 249 Abs. 3 Satz 2 BauGB.

15 Gesetz zur Erhöhung und Beschleunigung des Ausbaus von Windenergie an Land vom 20.07.2022, BGBl. I, 1353.

der unterschiedlichen Flächenpotenziale der Länder einschließlich der Stadtstaaten für Windenergie enthält die Anlage 1 zum Windenergieflächenbedarfsgesetz sog. Länderquoten. Verknüpft ist dies mit einem Flächenziel bis zum 31.12.2027 (Zwischenziel) und einem endgültigen Umsetzungsziel bis zum 31.12.2032 (s. insbesondere § 3 Abs. 1 WindBG). § 6 Abs. 4 WindBG ermöglicht es, von diesen Länderquoten abzuweichen. Abweichungen nach oben, also die Ausweisung von mehr Windenergiegebieten, sind dabei immer zulässig. Eine Abweichung nach unten ist hingegen nur dann möglich, wenn die betreffenden Länderpflichten mittels Staatsvertrag durch ein anderes Land übernommen werden. Dass damit eine Reihe von komplexen Rechtsproblemen verbunden ist, sei nur am Rande erwähnt. So stellt sich etwa die Frage, wie mit Fällen umzugehen ist, in denen die Übernahme fehlerhaft erfolgte oder das übernehmende Land (unter Berücksichtigung der übernommenen Quote) nicht genügend Windenergiegebiete ausweist, die Ausweisung rechtsfehlerhaft ist usw. Dies soll hier nicht weiter vertieft werden. Ohnehin dürfte eher zweifelhaft sein, dass einzelne Länder Windenergiequoten anderer Länder tatsächlich übernehmen werden.

Die Länder ihrerseits können gemäß § 3 Abs. 2 WindBG ihre landesweiten Flächenziele durch entsprechende Landesplanung selbst erfüllen oder aber die Länderquoten auf regionale Planungsträger oder die Gemeinden herunterbrechen, solange und soweit damit im Ergebnis die jeweilige Länderquote erfüllt wird. Die Ausweisung der Windenergiegebiete im Sinne des Windenergieflächenbedarfsgesetzes erfolgt dann, je nach landesrechtlicher Ausgestaltung, durch Raumordnungspläne (insbesondere in Form von sog. Vorranggebieten, s. § 7 Abs. 3 Satz 1 Nr. 1 ROG[16]) oder durch kommunale Bauleitpläne mittels Ausweisung von Sonderbauflächen oder Sondergebieten, in der Regel also durch entsprechende Darstellungen im gemeindlichen Flächennutzungsplan. Wird nach Maßgabe von § 5 WindBG festgestellt, dass die maßgebliche Flächenquote erfüllt ist, folgen die diesbezüglichen wesentlichen rechtlichen Konsequenzen nicht aus dem Windenergieflächenbedarfsgesetz selbst, sondern aus den diesbezüglichen Neuregelungen im Baugesetzbuch. Gemäß dieser Regelung findet der bisherige Planvorbehalt des § 35 Abs. 3 Satz 3 BauGB für Windenergieanlagen keine Anwendung mehr (§ 249 Abs. 1 BauGB). Stattdessen ergeben sich

16 Raumordnungsgesetz vom 22. Dezember 2008 (BGBl. S. 2986), zuletzt geändert durch Artikel 1 des Gesetzes vom 22. März 2023 (BGBl. I Nr. 88).

die Rechtsfolgen nunmehr aus § 249 Abs. 2 BauGB. Hiernach sind bei ausreichender und wirksamer Ausweisung von Windenergiegebieten in dem betreffenden Land bzw. durch den zuständigen Planungsträger innerhalb des Landes (z.B. eine Kommune) Flächen außerhalb der festgelegten Windenergiegebiete nur noch als Vorhaben nach § 35 Abs. 2 BauGB (nicht privilegierte Vorhaben)[17] einzustufen. Es werden also (nur) die Vorhaben innerhalb des jeweiligen Windenergiegebiets nach Maßgabe der Privilegierung in § 35 Abs. 1 Nr. 5 BauGB behandelt.

2.

Der Unterschied zu der bisherigen Rechtslage bei der Ausweisung von Konzentrationszonen ist also vor allem folgender:

2.1

Bei einer (wirksamen) Konzentrationszonenplanung nach alten Recht waren Vorhaben außerhalb der Konzentrationszonen gemäß § 35 Abs. 3 Satz 3 BauGB „in der Regel" unzulässig. Nach der Neuregelung sind Vorhaben außerhalb der nach Maßgabe des Windenergieflächenbedarfsgesetzes festgelegten Windenergiegebiete als sonstige Vorhaben nach § 35 Abs. 2 BauGB zu beurteilen, d.h. sie sind im Einzelfall zulässig, wenn sie keine öffentlichen Belange beeinträchtigen. Nach der Rechtspraxis bedeutet auch dies vereinfacht, dass sie als sonstige Vorhaben in der Regel unzulässig sind. Die rechtlichen Vorgaben für Vorhaben außerhalb von Windkonzentrationszonen einerseits und außerhalb von Windenergiegebieten andererseits sind daher zwar rechtsdogmatisch unterschiedlich, in der Rechtsanwendungspraxis dürften sie hingegen sehr dicht beieinander liegen.

Die sehr viel spannendere Frage wird allerdings sein, ob und inwieweit sich die Anforderungen an die Ausweisung von Windenergiegebieten von denen unterscheiden werden, die bislang für Windenergiekonzentrationszonen galten und ob die Rechtsprechung hierfür letztlich unterschiedliche Vorgehen entwickeln wird, insbesondere die Ausweisung von Windenergiegebieten an geringere rechtliche Anforderungen knüpft. Man wird hier je-

17 S. vorstehend unter I.

doch durchaus skeptisch sein müssen. Wie dargelegt[18] sind die Anforderungen der Rechtsprechung an die Konzentrationszonenplanung nicht aus der Luft gegriffen oder willkürlich, sondern aus den allgemeinen gesetzlichen Maßstäben des Abwägungsgebotes abgeleitet. Diese grundsätzlichen Anforderungen dürften daher auch bei der Ausweisung von Windenergiegebieten gelten. Zudem sind die Rechtsfolgen zwar dogmatisch unterschiedlich, im Ergebnis allerdings zumindest sehr dicht beieinander, da es kaum einen Unterschied ergeben dürfte, ob eine Windenergieanlage gemäß § 35 Abs. 3 Satz 3 BauGB außerhalb einer Windkonzentrationszone nach altem Recht in der Regel unzulässig ist oder ob sie gemäß § 249 Abs. 2 BauGB außerhalb eines Windenergiegebiets als nicht privilegiertes Vorhaben i.S.v. § 35 Abs. 2 BauGB behandelt wird. In beiden Fällen wird der Eigentümer einer Fläche außerhalb des für Windenergie vorgesehenen Bereichs, der dort ebenfalls eine solche Anlage errichten möchte, geltend machen, dass die sein Grundstück ausschließende Planung auf der Grundlage sachwidriger Kriterien erfolgt und daher rechtswidrig ist.

2.2

Ist die Ausweisung von Windenergiegebieten in unzureichender Form erfolgt, sei es weil der maßgebliche Flächenbeitragswert nicht erreicht wurde, sei es weil die Ausweisung rechtsfehlerhaft und daher unwirksam ist, ergeben sich die Rechtsfolgen aus § 249 Abs. 7 BauGB. Hiernach treten in einem solchen Fall die Rechtsfolgen nach § 249 Abs. 2 BauGB nicht ein, d.h. die Privilegierung von Windenergieanlagen nach § 35 Abs. 1 Nr. 5 BauGB gilt im gesamten Außenbereich. Zudem können Darstellungen des Flächennutzungsplans und Ziele der Raumordnung dem betreffenden Vorhaben nicht entgegengehalten werden (§ 249 Abs. 7 Satz 1 Nr. 2 BauGB). Die Rechtsfolgen sind damit dem Grunde nach ähnlich wie bei der bisherigen Konzentrationszonenplanung. Im Falle der (jeweiligen) Unwirksamkeit, schlägt die Privilegierung des § 35 Abs. 1 Nr. 5 BauGB für den gesamten Außenbereich grundsätzlich durch.

18 S. vorstehend unter II., 2.

3.

Auch landesspezifische Sonderregelungen, wie sie bislang bereits nach § 249 Abs. 3 BauGB möglich waren und insbesondere die Grundlage für die bayerische 10 H-Regelung darstellen[19], bleiben nach der Neuregelung in § 249 Abs. 9 BauGB weiterhin möglich. Neben den diesbezüglichen Einschränkungen u.a. dahingehend, dass die Mindestabstände nicht innerhalb von Windenergiegebieten gelten (§ 249 Abs. 9 Satz 5 BauGB) sind jedoch die Spielräume dahingehend reduziert, dass Mindestabstände bis zur nächsten Wohnnutzung maximal 1.000 m betragen dürfen. Dies greift das Abstandsmaß auf, dass bislang bereits in § 249 Abs. 3 BauGB als Obergrenze vorgegeben war und in einigen Ländern angesetzt wurde.[20] Auch diese Regelung setzt allerdings voraus, dass in ausreichendem Umfang Windenergiegebiete festgesetzt wurden. Ist dies nicht der Fall, entfällt gemäß § 249 Abs. 7 Satz 2 BauGB das durch Landesgesetz festgelegte gesonderte Abstandsmaß mit der Folge, dass auch insofern die Außenbereichsprivilegierung nach § 35 Abs. 1 Nr. 5 BauGB uneingeschränkt zur Geltung kommt. Dies bedeutet insbesondere, dass eine optisch bedrängende Wirkung gemäß § 249 Abs. 10 BauGB in der Regel nicht vorliegt, wenn der Abstand der Mitte des Mastfußes der Windenergieanlage bis zu einem Wohngebäude mindestens der zweifachen Höhe der Windenergieanlage entspricht.

4.

Was folgt aus den Neuregelungen etwa im Hinblick auf das Ziel einer zusätzlichen Ausweisung von Flächen für die Windenergie? Dies lässt sich nicht ganz leicht prognostizieren. Der Gesetzgeber hat zwar ein jedenfalls in dogmatischer Hinsicht neues Steuerungsmodell für die Ansiedlung von Windenergie entworfen und dies insbesondere mit Flächenzielen verknüpft. Diese Flächenziele sind letztlich jedoch im Wesentlichen nichts anderes als die bereits zuvor in der Rechtsprechung entwickelte Vorgabe, dass angesichts der gesetzgeberischen Privilegierung von Windenergie im Außenbereich hierfür substanziell Raum geschaffen werden muss.[21] Ob dies mit der ausdrücklichen Benennung von Zahlenwerten tatsächlich besser

19 S. vorstehend unter II., 3.
20 S. vorstehend unter II., 3.
21 S. vorstehend unter II., 1.

gelingt, bleibt abzuwarten. Für sich genommen dürfte dies den bisherigen Widerstand gegen die Ansiedlung von Windenergieanlagen kaum ausräumen und auch Rechtsstreitigkeiten im Zusammenhang mit Windenergie kaum verhindern. Eher könnte dies aufgrund eines allgemein gestiegenen Bewusstseins im Hinblick auf den Klimaschutz und die damit einhergehenden Erfordernisse sowie aufgrund der notwendigen Sicherung der Energieversorgung zu erwarten sein.

Skepsis ist auch deshalb durchaus angebracht, weil die angestrebte Vermehrung von Flächen für die Windenergie auf eine Situation trifft, in der die im Hinblick auf Siedlungsbereiche und Naturschutz eher unproblematischen und damit konsensfähigen Flächen bereits entsprechend genutzt werden. Es stehen also weitgehend nur noch die im Vergleich dazu problematischeren Flächen zur Verfügung, die gleichzeitig verstärkt genutzt werden sollen. Verknüpft man dies mit einer hoch komplexen rechtlichen Ausgestaltung, so wie sie mit dem Wind an Land-Gesetz und den Detailregelungen im Windenergieflächenbedarfsgesetz und dem Baugesetzbuch geschaffen wurden, spricht sehr vieles dafür, dass die Rechtsstreitigkeiten um die Genehmigung von Windenergieanlagen nicht abnehmen und auch die Genehmigungsverfahren insofern nicht schneller werden.[22] Gerade diese Rechtstreitigkeiten sowie die vorgelagerten offenen Rechtsfragen und Rechtsunsicherheiten in den Genehmigungsverfahren sind es jedoch, die den Ausbau der Windenergievorhaben bislang in besonderem Maße verzögert haben. Daran änderte bisher allein der Umstand, dass ohne rechtswirksame Konzentrationszonenplanung Windenergieanlagen im Außenbereich gemäß § 35 Abs. 1 Nr. 5 BauGB generell privilegiert zulässig sind, nichts. Es scheint jedenfalls zweifelhaft, ob dies allein aufgrund der Ersetzung von Windkonzentrationszonen durch Windenergiegebiet anders sein wird, zumal auch die insofern schwierigen Übergangsbestimmungen in § 245e BauGB zusätzlichen rechtlichen Konfliktstoff enthalten. Es ist daher zu befürchten, dass ein bisheriger schwieriger Kompromiss durch einen anderen ersetzt wird, der nicht minder schwierig ist und ebenfalls sein Ziel verfehlen könnte. Insofern ist die Neuregelung zwar juristisch und

22 Einen nicht unbeträchtlichen Beschleunigungseffekt sollte allerdings die artenschutzrechtliche Neuregelung in § 45b BNatSchG mit ihren grundsätzlich pauschalierenden Annahmen für Abstände entfalten; entsprechendes gilt für die durch das ROGÄndG vom 22.03.2023 erfolgte Einfügung von § 6 WindBG mit seinen Verfahrenserleichterungen in Bezug auf die Umweltverträglichkeitsprüfung und die artenschutzrechtliche Prüfung bei Windenergieanlagen in ausgewiesenen Windenergiegebieten, auch wenn diese Regelungen eine Reihe von, auch unionsrechtlichen, Fragen aufwerfen.

intellektuell in höchstem Maße anspruchsvoll und auch handwerklich gut gemacht, weil vieles dafür spricht, dass zumindest „auf dem Papier" die einzelnen großen, kleinen und kleinsten Zahnräder sehr gut ineinander greifen. Ob dies allerdings gleichzeitig auch praxisgerecht ist und seine Ziele erreichen kann, wird man sehen müssen.

Neuregelungen und Änderungen des Raumordnungsgesetzes

Von Dr. Jens Wahlhäuser

Die nachfolgenden Ausführungen gehen auf die relevanten Gesetzesänderungen des Raumordnungsgesetzes (ROG) ein, die spezifisch bzw. auch (aber nicht nur) darauf abzielen, die Rolle der Raumplanung im Zusammenhang mit dem Ausbau der Windenergie an Land zu stärken, und die den Planungsträgern die Festlegung von Windenergiegebieten angesichts der zeitlichen Herausforderungen zur Erreichung der Flächenbeitragswerte nach dem Windenergieflächenbedarfsgesetz (WindBG)[1] erleichtern sollen. Darüber hinaus sollen die für die Praxis bedeutsamen Änderungen des bisherigen Raumordnungsverfahrens dargestellt werden.

1 vom 20. Juli 2022 (BGBl. I S. 1353), zuletzt geändert durch Artikel 13 des Gesetzes vom 22. März 2023 (BGBl. I Nr. 88).

I Ausgangslage, raumordnerische Gebietsfestlegungen in den Ländern

Die bisherige Praxis zur Steuerung der Windenergie ist in den Ländern sehr unterschiedlich:

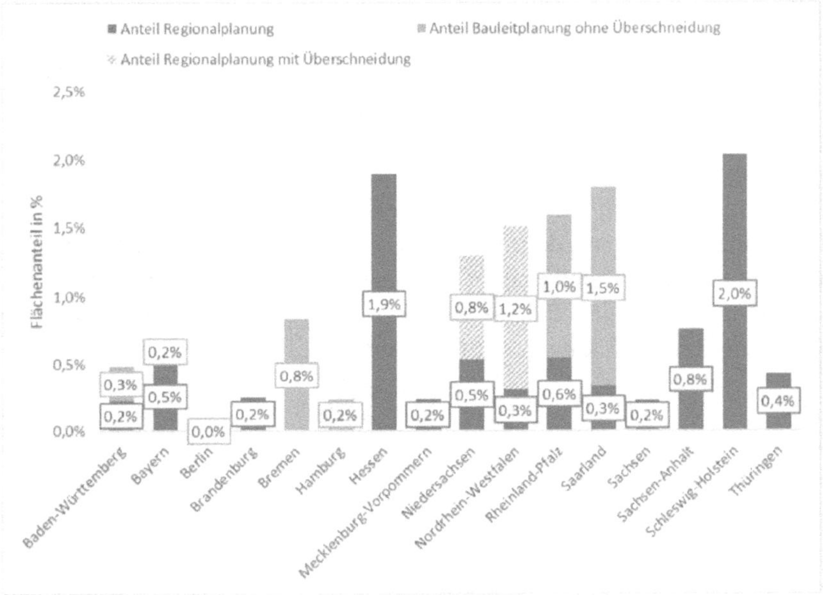

Abbildung 1: Berechnungen des Umweltbundesamtes zu den rechtswirksam ausgewiesenen Flächen für Windenergie im Verhältnis zur Landesfläche, Grafik: Bericht des Bund-Länder-Kooperationsausschusses zum Stand des Ausbaus der erneuerbaren Energien sowie zu Flächen, Planungen und Genehmigungen für die Windenergienutzung an Land an die Bundesregierung gemäß § 98 EEG, Berichtsjahr 2022, 26. Oktober 2022, S. 26.

Teilweise erfolgt eine abschließende Steuerung auf Raumordnungsebene, teilweise auf Bauleitplanungsebene, einige Länder steuern nicht abschließend durch die Raumordnung, sondern überlassen dies der kommunalen Ebene. Dies wird durch die vorstehende Übersicht anschaulich verdeutlicht.

Diese unterschiedliche Praxis findet ihre rechtliche Grundlage im (derzeit noch maßgeblichen) Instrumentenkasten des § 7 Abs. 3 Satz 1

ROG, der zur Festlegung (der nachfolgend erläuterten) unterschiedlichen Gebietskategorien für bestimmte Nutzungen oder Funktionen in Raumordnungsplänen ermächtigt.

Vorranggebiete zugunsten einer bestimmten Raumnutzung oder Funktion sichern als Ziel der Raumordnung planungsrechtlich die Vorrangnutzung innerhalb des Gebietes gegen andere raumbedeutsame Nutzungen ab, die mit ihr nicht vereinbar sind. Vorranggebiete schließen allerdings nicht automatisch aus, dass die Vorrangnutzung auch außerhalb der für sie festgelegten Gebiete geplant und verwirklicht wird (sie haben keine außergebietliche Ausschlusswirkung, vgl. dazu die Eignungsgebiete bzw. die Möglichkeit einer Kombination von Vorrang- und Eignungsgebiet nach § 7 Abs. 3 Satz 3 ROG). Wird durch ein Vorranggebiet etwa die Windenergie als Ziel der Raumordnung gesichert, bleibt die Nutzung in der Regel auch im restlichen Planungsraum zulässig; ihr kommt dort allerdings kein raumordnerischer Vorrang vor anderen Raumnutzungen zugute.

Im Unterschied dazu sind *Vorbehaltsgebiete* Gebiete, in denen bestimmten raumbedeutsamen Funktionen oder Nutzungen bei der Abwägung mit konkurrierenden raumbedeutsamen Nutzungen besonderes Gewicht beizumessen ist. Wird also z. B. ein Vorbehaltsgebiet Windenergie festgelegt, ist dies von anderen öffentlichen Stellen bei der Abwägung ihrer Planungen und Maßnahmen mit besonderem Gewicht zu berücksichtigen. Vorbehaltsgebiete werden regelmäßig als Grundsatz der Raumordnung festgelegt. Sie entfalten weder eine innergebietliche noch eine außergebietliche Ausschlusswirkung hinsichtlich anderen Nutzungen oder Funktionen; anders als die Vorranggebiete räumen sie den zu sichernden Nutzungen und Funktionen keinen bereits letztabgewogenen Vorrang ein.

Eignungsgebiete sollen zur Steuerung von raumbedeutsamen Außenbereichsvorhaben nach § 35 Abs. 1 Nrn. 2 bis 4, 6 Baugesetzbuch (BauGB) beitragen (ab dem 1. Februar 2023 gilt dies – vorbehaltlich des § 245e Abs. 1 BauGB – nicht mehr für nach § 35 Abs. 1 Nr. 5 privilegierte Windenergieanlagen). Innergebietlich ist aufgrund der raumordnerisch festgestellten Eignung des Gebietes für eine bestimmte Nutzung eine Bündelung dieser Nutzung anzustreben; es bleibt aber für nachfolgende Planungsstufen Spielraum für eine Abwägung mit anderen konkurrierenden Nutzungen, sofern diese auf Ebene der Raumordnung noch nicht abschließend beurteilbar waren. Deshalb wird dem Eignungsgebiet in der Rechtsprechung allenfalls eine begrenzte innergebietliche raumordnerische Zielqualität zugesprochen, die nicht mit der eines Vorranggebietes vergleichbar ist. Eignungsgebiete normieren bezüglich der betroffenen Nutzung für den restlichen Planungsraum immer eine Ausschlusswirkung außerhalb der Eignungsgebietsabgrenzungen, sofern nicht ausdrücklich Ausnahmen im Raumordnungsplan geregelt werden.

Vor diesem Hintergrund sind die Steuerungswirkungen von aktuell in Raumordnungsplänen der Länder ausgewiesenen Vorbehalts- und Eignungsgebieten für die Windenergie (sofern sie nicht gemäß § 7 Abs. 3 Satz 3 ROG mit Vorranggebieten kombiniert worden sind) begrenzt.

II Regionalplanung: ein wesentlicher Akteur zur Umsetzung der Flächenbeitragswerte

Die Neuregelungen und fachgesetzlichen Änderungen des Wind-an-Land-Gesetzes (WaLG)[2] adressieren jedenfalls formal betrachtet überwiegend das BauGB und hier insbesondere die zentrale Vorschrift des § 249 BauGB sowie die bis zum 31.12.2027 bedeutsame Überleitungsvorschrift des § 245e BauGB.

Zwar richtet sich die Aufstellung bzw. Fortschreibung von Raumordnungsplänen – auch mit Festlegungen für die Windenergie – weiterhin nach dem ROG. § 27 Abs. 4 ROG erklärt jedoch für Raumordnungspläne, die Windenergiegebiete i. Sinne v. § 2 Nr. 1 WindBG enthalten, die Überleitungsvorschrift des § 245e BauGB und die Sonderregelung des § 249 BauGB für vorrangig anwendbar.

Der Raumordnung kommt zukünftig eine deutlich größere Bedeutung als bislang für die Ausweisung von Windenergiegebieten zu. § 3 Abs. 2 WindBG überlässt den Ländern die Wahl, ob die Erfüllung der ihnen jeweils zugewiesenen Flächenbeitragswerte durch Flächenausweisungen durch das Land als Planungsträger oder aber durch regionale oder kommunale Planungsträger vorgenommen wird.

Soweit ersichtlich, scheint die überwiegende Mehrheit der Länder zur Festlegung von regionalen Teilflächenzielen und einer Umsetzung dieser Flächenziele auf Ebene der Raumordnung zu tendieren. So haben etwa bereits Brandenburg, Hessen und Sachsen gesetzliche Regelungen auf den Weg gebracht, die die Regionen als zuständige Planungsträger adressie-

2 Vom 20. Juli 2022 (BGBl. 1353), zuletzt geändert durch Gesetz vom 4. Januar 2023 (BGBl. I Nr. 6).

ren.[3] Bayern und Nordrhein-Westfalen beabsichtigen eine Änderung ihrer Landesraumordnungspläne in der Weise, dass bestimmte Flächenziele als Ziel der Raumordnung festgelegt werden sollen, die wiederum mit einem entsprechenden Umsetzungsauftrag an die Regionalplanung zur Ausweisung dieser Flächen verbunden sind.

Die nachfolgende Abbildung zeigt anschaulich, dass bereits das Erreichen der (Teil)Flächenbeitragswerte bis zum Stichtag 31.12.2027 die dazu von den Ländern berufenen Planungsträger vermutlich vor große Herausforderungen stellen wird:

3 BB: Brandenburgisches Flächenzielgesetz v. 2.3.2023 (GVBl I 03 2023 / LTDrs 7/6658 v. 29.11.22); HE: Gesetz zur Änderung HessEnG und Hess BauO v. 22.11. 22 (GVBl. S. 57); SN: Haushaltsbegleitgesetz 2023/2024 v. 20.12.2022 (SächsGVBl. S. 705) mit Umsetzung von § 249 Abs. 9 Satz 5 BauGB in § 84 Abs. 6 SächsBO (Art. 24 und Art. 25).

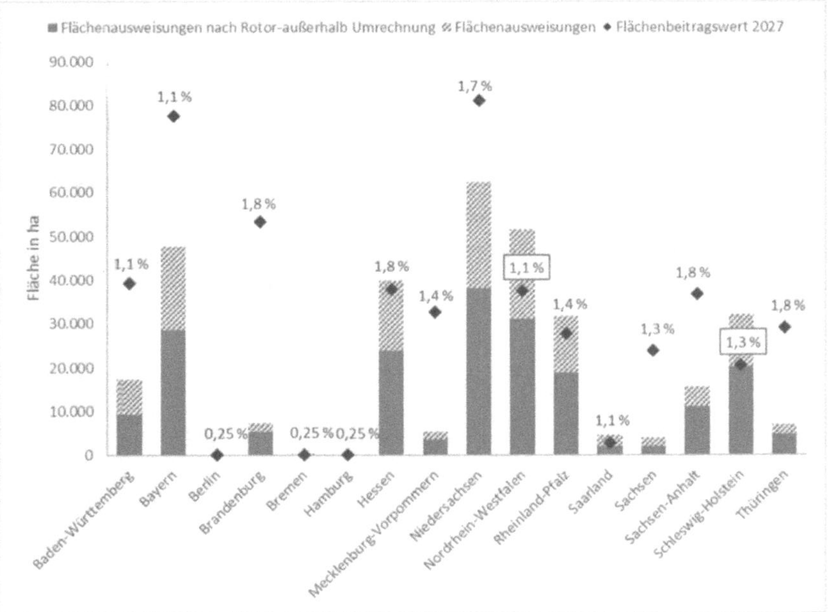

Abbildung 2: Rechtswirksam ausgewiesene Flächen für Windenergie an Land in 2021 sowie nach maximaler Rotor-außerhalb Umrechnung im Vergleich zum Flächenbeitragswert 2027, Grafik: Bericht des Bund-Länder-Kooperationsausschusses zum Stand des Ausbaus der erneuerbaren Energien sowie zu Flächen, Planungen und Genehmigungen für die Windenergienutzung an Land an die Bundesregierung gemäß § 98 EEG, Berichtsjahr 2022, 26. Oktober 2022, S. 36.

Soweit Windenergieanlagen zukünftig nach § 249 Abs. 1 BauGB nur in Windenergiegebieten privilegiert zulässig sind, bedeutet dies für die Regionalplanung, dass zur Erreichung der ambitionierten Flächenziele zeitnah bestehende Regionalpläne entweder fortgeschrieben oder neue Regionalpläne aufgestellt werden müssen. Dies ist für bestehende Regionalpläne mit aktuellen Gebietsfestlegungen für die Windenergie deshalb von Bedeutung, weil Eignungsgebiete und Vorbehaltsgebiete in den Windenergiegebieten nach § 2 Nr. 1b) WindBG nur noch zeitlich befristet anzurechnen sind, d.h. nur für die Zwecke der Anrechnung der Flächen auf das Zwischenziel nach der Anlage 1, Spalte 1 des WindBG. Flächen in solchen Gebieten können also nicht dauerhaft auf die Flächenbeitragswerte angerechnet werden. Für eine langfristige Anrechnung (namentlich über den 31.12.2027 hinaus) müssten diese Gebietsfestlegungen wegen § 2 Abs Nr. 1a) WindBG in Vorranggebiete überführt werden.

III Verfahrens- und materiell-rechtliche Erleichterungen zur Ausweisung von Windenergiegebieten in Raumordnungsplänen

Um insbesondere auch den regionalen Planungsträgern die Fortschreibung von Regionalplänen bzw. deren erstmalige Aufstellung mit dem Ziel der Ausweisung von Windenergiegebieten zu erleichtern, sieht § 249 BauGB folgende Erleichterungen vor:

§ 249 Abs. 5 BauGB enthält eine Sonderregelung für Abweichungen von bestehenden Planungen für Windenergieanlagen und erleichtert damit die Ausweisung von Windenergiegebieten. Nach Abs. 2 Satz 1 Nr. 1 oder Nr. 2 WindBG ist der jeweils zuständige Planungsträger an entgegenstehende Ziele der Raumordnung oder entgegenstehende Darstellungen in Flächennutzungsplänen nicht gebunden, soweit dies erforderlich ist, um den Flächenbeitragswert im Sinne des § 3 Absatz 1 WindBG oder ein daraus abgeleitetes Teilflächenziel zu erreichen. Den Erläuterungen in der Gesetzesbegründung zufolge soll die Regelung „sicherstellen, dass der nach § 3 Absatz 2 WindBG zuständige Planungsträger unverzüglich mit der Planung beginnen kann, ohne an etwaige entgegenstehende Planinhalte in Plänen auf anderen Planungsebenen gebunden zu sein“[4]. Der zuständige Planungsträger kann auch dann, wenn die für die Windenergie auszuweisenden Flächen in höher- oder niedrigstufigeren Plänen anderen Nutzungen vorbehalten sind, über diese Planinhalte hinweggehen. Von § 249 Abs. 5 Satz 1 BauGB darf der zuständige Planungsträger jedoch nur Gebrauch machen, soweit dies zur Zielerreichung erforderlich ist. Die Erforderlichkeit ist im Einzelfall für die konkreten Flächen darzulegen, die entgegen anderer Planungen für die Windenergie ausgewiesen werden sollen.

§ 249 Abs. 6 BauGB begrenzt die Überprüfung der „Methodenwahl“ bei Gebietsausweisungen und erleichtert damit ebenfalls die Ausweisung von Windenergiegebieten; er soll die Gebietsausweisung vor allem auch „robuster“ im Hinblick auf eine mögliche spätere gerichtliche Überprüfung machen und soll so das Risiko einer Aufhebung der Gebietsausweisung minimieren: Satz 1 stellt klar, dass weitergehende als die gesetzlichen Anforde-

---

4 BT-Drs. 20/2355, S. 34.

rungen an die Planaufstellung und -rechtfertigung im ROG (bzw. BauGB) an die Planungen von Windenergiegebieten nicht gestellt werden können. Nach Satz 2 ist für die Beurteilung eines konkreten Windenergiegebietes unerheblich, ob anderswo innerhalb oder außerhalb des Plangebietes andere vergleichbar geeignete Flächen für die Windenergie zur Verfügung stehen. Demnach ist nach Auffassung des Gesetzgebers im Rahmen einer gerichtlichen Überprüfung nach Umstellung auf eine Positivplanung sicherzustellen, dass keine unangemessen hohen Anforderungen bei Windenergiegebieten gestellt werden; der Gesetzgeber verbindet damit die Erwartung, dass insbesondere die sog. „Tabuzonenrechtsprechung“[5] mit einer Tabuzonenbetrachtung für die Ausweisung von Windenergiegebieten zukünftig von den Gerichten nicht mehr so wie bislang angewendet wird.[6]

Die mit dem WaLG (Artikel 3) in § 9 Abs. 8 ROG eingeführte Verordnungsermächtigung, wonach Vorgaben zur Berücksichtigung von artenschutzrechtlichen Belangen in der Umweltprüfung erlassen werden können, kann mit Blick auf eine fachliche Standardisierung der Prüfung ebenfalls Beschleunigungseffekte für die Ausweisung von Windenergiegebieten haben.

IV Gesetz zur Änderung des Raumordnungsgesetzes und anderer Vorschriften (ROGÄndG)

1 Raumordnungsplanung

Der Koalitionsvertrag der 20. Legislaturperiode zwischen SPD, BÜNDNIS 90/DIE GRÜNEN und FDP beinhaltet mehrere, auch die Raumordnung betreffende Aufträge (S. 12 bis 14, 56, 57), die insbesondere die Beschleunigung und Erleichterung des Verfahrens zur Aufstellung und Änderung von Raumordnungsplänen und des Raumordnungsverfahrens (§ 15 ROG) zum Ziel haben. Diese Aufträge sind mit dem Gesetz zur Änderung des Raumordnungsgesetzes und anderer Vorschriften (ROGÄndG) umgesetzt worden. Das Gesetz vom 22. März 2023[7] ist Teil des Maßnahmenpakets der

5 Vgl. dazu nur BVerwG, Urt. v. 7.12.2002 - BVerwG 4 C 15.01, BVerwGE 117, 287; BVerwG 13.3.2003 - BVerwG Urt. v. 4 C 3.02,. NVwZ 2003, 1261.

6 Vgl. BT-Drs. 20/2355, S. 34.

7 Vgl. dazu BT-Drs. 20/4823 (Gesetzentwurf); BT-Drs. 20/5830 (Ausschussbericht; geänderte Fassung des GE).

Bundesregierung zur Planungs- und Genehmigungsbeschleunigung; das parlamentarische Verfahren wurde am 3. März 2023 mit der 2. Befassung des Bundesrates abgeschlossen und am 28. März verkündet.[8]

Die nachfolgenden Änderungen, die sechs Monate nach Verkündung des ROGÄndG (also am 28. September 2023) in Kraft treten werden, adressieren zwar nicht ausschließlich die Windenergie an Land; sie können aber auch die Aufstellung und Änderung von Raumordnungsplänen beschleunigen und erleichtern, die Windenergiegebiete i.S.v. § 2 Nr. 1a) WindBG festlegen. Hier sind insbesondere folgende Regelungen hervorzuheben:

- Weiterentwicklung der digitalen Möglichkeiten des Planungssicherstellungsgesetzes (PlanSiG) insbesondere im Hinblick auf die Öffentlichkeitsbeteiligung (§ 9 Abs. 2 bis 4 ROG-neu). Zukünftig erfolgt die Beteiligung der Öffentlichkeit und der in ihren Belangen berührten öffentlichen Stellen zu den Planentwürfen durch Veröffentlichung der Entwürfe im Internet als Regelfall. Soweit dies für die das Beteiligungsverfahren durchführende Stelle zumutbar und angemessen ist, sind die Planentwürfe anderweitig leicht zugänglich zu machen.
- Effektivere Sicherung von Gebieten für bestimmte Nutzungen, indem zukünftig nur noch die Gebietskategorien Vorrang- und Vorbehaltsgebiet ausdrücklich in § 7 Abs. 3 ROG-neu genannt werden. Vorranggebiete können zukünftig auch als Vorranggebiete mit Ausschlusswirkung der im Gebiet vorrangig zugewiesenen Nutzungen und Funktionen außerhalb dieses Gebiets festgelegt werden, wenn sichergestellt wird, dass der Nutzung oder Funktion, der innergebietlicher Vorrang eingeräumt wird, hier auch substanziell Raum verschafft wird (§ 7 Abs. 3 ROG-neu).
- Beschleunigung der Planungsverfahren durch die Vermeidung von Redundanzen, indem bei Änderungen von Planentwürfen, die nach der erstmaligen Beteiligung stattfinden, nur noch erstmalig oder stärker Betroffene zu beteiligen sind und Stellungnahmen nur noch zu den Planänderungen zulässig sein sollen (§ 9 Abs. 3 Satz 3 ROG-neu). Ähnliches gilt bei nur geringfügigen Änderungen eines Raumordnungsplans (§ 9 Abs. 5 ROG-neu).
- Stärkung des Planerhalts durch die Ausweitung von Planerhaltungsnormen (§ 11 Absatz 3 ROG-neu). So ist etwa unbeachtlich für die Wirksamkeit eines Regionalplans, wenn dieser aus einem landesweiten Raumordnungsplan entwickelt wurde und dessen Unwirksamkeit später wegen ei-

8 BGBl. 2023 I v. 28. März 2023, Nr. 88, S. 1 bis 13.

nes Verstoßes gegen Verfahrens- oder Formvorschriften festgestellt wird (§ 11 Abs. 2 ROG). Sind Vorranggebiete als solche mit Ausschlusswirkung für außergebietliche Nutzungen und Funktionen festgelegt worden und wird deren Ausweisung in Gerichtsverfahren später für unwirksam erklärt, bleibt der Raumordnungsplan im Übrigen unter bestimmten weiteren Voraussetzungen grundsätzlich wirksam (§ 11 Abs. 2 ROG-neu).

- Ausweitung von Zielabweichungsverfahren, indem bei Vorliegen der Voraussetzungen des § 6 Abs. 2 ROG im Regelfall eine Zielabweichung erteilt werden soll (und dann nicht mehr wie bislang im Ermessen der Raumordnungsbehörde liegt, § 6 Abs. 2 ROG-neu); dies kommt auch dem Ersatz alter Windkraftanlagen durch neue zugute im Hinblick auf Bestandspläne.

2 Raumverträglichkeitsprüfung (bislang Raumordnungsverfahren)

Der Koalitionsvertrag (s. dazu IV.1) sieht neben der Beschleunigung von Genehmigungsverfahren auch vor, dass Doppelprüfungen vermieden werden sollen; dies gilt ausdrücklich auch für das bisherige Raumordnungsverfahren (§ 15 ROG), das weiter optimiert und mit dem ihm nachgelagerten (fachgesetzlichen) Zulassungsverfahren verzahnt werden soll.

Das Raumordnungsverfahren nach § 15 ROG ist keine Zulassungsentscheidung, mit der ein bestimmtes Projekt genehmigt wird, und auch kein vorbereitender Schritt im Rahmen einer solchen Entscheidung. Vielmehr handelt es sich nur um eine gutachterliche Äußerung der zuständigen Raumordnungsbehörde in Bezug auf die Raumverträglichkeit raumbedeutsamer Planungen und Maßnahmen i.S.v. § 1 der Raumordnungsverordnung (ROV). Diese gutachtliche Äußerung ist in nachfolgenden Zulassungsverfahren im Sinne einer Sachverständigenäußerung zu berücksichtigen; sie entfaltet aber keine strikte Bindungswirkung für das Zulassungsverfahren.[9]

Das Raumordnungsverfahren, das insbesondere bei Großprojekten dem Zulassungsverfahren vorgelagert ist, wird zukünftig durch eine optimierte Prüfung der Raumverträglichkeit ersetzt. Es wird als Raumverträglichkeitsprüfung unter Berücksichtigung von Umweltbelangen durchgeführt, soweit diese auf der vorgelagerten Ebene der Raumverträglichkeitsprüfung nach überschlägiger Prüfung der Auswirkungen des Vorhabens auf die Schutzgüter nach § 2 Absatz 1 UVPG unter Berücksichtigung der in Anlage 3 des UVPG

9 Vgl. dazu etwa BVerwG, Urt. v. 16.3.2006 – 4 A 1075/04 -BVerwGE 125, 116.

genannten Kriterien erkennbar sind (§ 15 Abs. 1 ROG-neu). Hingegen soll es im Verfahren der Raumverträglichkeitsprüfung zukünftig keine (förmliche) Umweltverträglichkeitsprüfung nach dem Gesetz über die Umweltverträglichkeitsprüfung (UVPG) mehr geben. Der Verzicht auf die Umweltverträglichkeitsprüfung dient der Vermeidung von Doppelprüfungen und damit der Verfahrensbeschleunigung.[10] Ungeachtet dessen findet auch zukünftig im Verfahren nach § 15 ROG-neu eine umfassende Prüfung von ernsthaft in Betracht kommenden Standort- oder Trassenalternativen statt.

Um die Raumverträglichkeitsprüfung zukünftig schneller abzuschließen bzw. dem Vorhabenträger die Möglichkeit zu geben, bereits vor Abschluss der Raumverträglichkeitsprüfung einen Antrag auf Zulassung eines raumbedeutsamen Vorhabens zu stellen, sieht § 15 Abs. 1 Satz 2 ff. ROG-neu nun einen zeitlich befristeten Verfahrensrahmen vor: die Raumverträglichkeitsprüfung endet spätestens innerhalb einer Frist von 6 Monaten nach Vorliegen der vollständigen Verfahrensunterlagen. Wird die Raumverträglichkeitsprüfung nicht innerhalb dieser Frist abgeschlossen, kann der Vorhabenträger das Zulassungsverfahren (bzw. bei Straßenbauvorhaben des Bundes auch das Linienbestimmungsverfahren) für sein Projekt auch ohne das ihm vorliegende Ergebnis der Raumverträglichkeitsprüfung einleiten. Dem Vorhabenträger steht allerdings ein Wahlrecht zu: entscheidet er sich für die Fortführung der Raumverträglichkeitsprüfung, kann er dies auch nach Ablauf der sechsmonatigen Entscheidungsfrist der Raumordnungsbehörde beantragen.

10 Vgl. dazu BT-Drs. 20/4823, S. 27.

Neuregelungen und Änderungen des BNatSchG

Von Dr. Marcus Lau[1]

Sowohl zur Erreichung der ehrgeizigen, zugleich aber unabdingbar notwendigen, Klimaschutzziele als auch zur Erlangung der energetischen Unabhängigkeit von russischen Rohstoffen nach dem Überfall Russlands auf die Ukraine ist der Umbau unserer Energieversorgung auf regenerative Quellen ein wesentlicher Baustein. Von besonderer Bedeutung ist dabei die Windenergienutzung an Land, die aber ihrerseits nicht konfliktfrei ist, sondern insbesondere regelmäßig mit dem besonderen Artenschutzrecht kollidiert. Um hier einen Kompromiss zu finden, der dem Bedarf an einem beschleunigten Ausbau der Windenergienutzung ausreichend Rechnung trägt, hat der Gesetzgeber in jüngerer und jüngster Vergangenheit einige Sonderregelungen, insbesondere im Bundesnaturschutzgesetz getroffen. Diese werden im Folgenden im Überblick dargestellt und bewertet.

I Einleitung

Bei der notwendigen Umstellung der Energieversorgung in Deutschland kommt der Windenergienutzung eine entscheidende Rolle zu. Sie hat einen maßgeblichen Anteil am neuen Energiemix. Dies gilt sowohl auf See als auch an Land. Wie jede Form der Energiegewinnung ist jedoch auch die Windenergienutzung nicht frei von Konflikten. Dies gilt insbesondere im Hinblick auf ihre Umweltauswirkungen.

Ein spezifisches Konfliktfeld bildet dabei das besondere Artenschutzrecht. Sowohl der Bau von Windenergieanlagen einschließlich der zumeist sehr aufwendigen Maßnahmen zur Erschließung der Baustelle als auch der Betrieb solcher Anlagen sieht sich regelmäßig mit den artenschutzrechtlichen Verbotstatbeständen des § 44 Abs. 1 BNatSchG konfrontiert. Mit voranschreitendem Ausbau der Windenergienutzung an Land werden diese Konflikte zunehmen, da nicht nur artenschutzrechtlich unkritische Flächen für Windenergieanlagen in Anspruch genommen werden können.

---

1 Dr. Marcus Lau, Rechtsanwalt und Fachanwalt für Verwaltungsrecht, Leipzig (www.fuesser.de).

Der Gesetzgeber hat daher das besondere Artenschutzrecht als ein wesentliches Hemmnis für die Erreichung der Ausbauziele eingeschätzt und hier Handlungsbedarf gesehen. Darauf hat er zum einen mit dem Vierten Gesetz zur Änderung des Bundesnaturschutzgesetzes[2] und zum anderen mit Gesetz zur Änderung des Raumordnungsgesetzes und anderer Vorschriften[3] reagiert.

II Neuregelungen im BNatSchG[4]

Um den Ausbau der Windenergie an Land zu fördern, hat der Gesetzgeber im Rahmen des sogenannten Osterpakets eine Reihe von Regelungen ins Bundesnaturschutzgesetz eingefügt, die speziell für Windenergieanlagen gelten. Diese finden sich in den neuen §§ 45b bis 45d BNatSchG. § 45b BNatSchG erfasst dabei lediglich den Betrieb von Windenergieanlagen, nicht auch deren Errichtung, wie nicht nur der Wortlaut nahelegt, sondern auch die Gesetzgebungsmaterialien bestätigen.[5] § 45c BNatSchG enthält demgegenüber spezielle Vorschriften für das Repowering und § 45d BNatSchG betrifft die – zusätzlichen – nationalen Artenhilfsprogramme.

Die Vorschriften des § 45b Abs. 1 bis 6 BNatSchG finden dabei ausweislich § 74 Abs. 4 BNatSchG jedoch erst ab dem 01.02.2024 Anwendung. Gemäß § 74 Abs. 5 BNatSchG kann der Träger eines Vorhabens allerdings bereits jetzt die Anwendung des neuen Rechts verlangen.

1 Regelungen auf Tatbestandsebene

Ein großes Hemmnis (nicht nur) beim Ausbau der Windenergienutzung ist die im Begriff der signifikanten Risikoerhöhung liegende Unschärfe. Ausweislich § 44 Abs. 5 Satz 2 Nr. 1 BNatSchG liegt im Kontext der Vorhabenzulassung ein Verstoß gegen das Tötungsverbot des § 44 Abs. 1 Nr. 1 BNatSchG nur vor, wenn das Vorhaben zu einer signifikanten Risikoerhö-

2 Viertes Gesetz zur Änderung des Bundesnaturschutzgesetzes in der Fassung vom 20.07.2022 (BGBl. I S. 1362).

3 Gesetz zur Änderung des Raumordnungsgesetzes und anderer Vorschriften in der Fassung vom 28.03.2023 (BGBl. I Nr. 88).

4 Bundesnaturschutzgesetz vom 29. Juli 2009 (BGBl. I S. 2542), zuletzt geändert durch Artikel 3 des Gesetzes vom 8. Dezember 2022 (BGBl. I S. 2240).

5 Vgl. BT-Drs. 20/2354, S. 24.

hung führt oder es an den gebotenen, fachlich anerkannten Schutzmaßnahmen mangelt. Was mit einer signifikanten Risikoerhöhung gemeint ist, wurde zwar durch die Rechtsprechung hinlänglich beschrieben[6], dies jedoch auf bestimmte Auswirkungen auf bestimmte Arten in unterschiedlichen Konstellationen anzuwenden, ist wegen der sich dabei stellenden zahlreichen naturschutzfachlichen Fragen, die überwiegend noch ungeklärt sind, eine Herausforderung. Daher bestand in der Praxis nicht nur erhebliche Rechtsunsicherheit, sondern auch eine sehr große Heterogenität in der Anwendung des Tötungsverbots in Bezug auf Windenergieanlagen. Diesen Missstand hatte das Bundesverfassungsgericht 2018 angeprangert und den Gesetzgeber zum Handeln aufgefordert.[7] Den Appel des Bundesverfassungsgerichts aufgreifend und unter dem Gesichtspunkt der Beschleunigung folgerichtig, hat der Gesetzgeber nunmehr in § 45b Abs. 1 BNatSchG geregelt, dass sich die Frage nach der Signifikanz des Tötungsrisikos durch Windenergieanlagen an Land in Bezug auf Brutvögel nach den Absätzen 2 bis 5 der Vorschrift bestimmt.

Dort wird dann unter Verweis auf Abschnitt 1 der neuen Anlage 1 zum Bundesnaturschutzgesetz das Spektrum der Brutvogelarten, die als kollisionsgefährdet gelten, auf insgesamt nur noch 15 Arten reduziert. Diese Liste ist abschließend.[8] Hinsichtlich der demnach kollisionsgefährdeten Brutvögel bemisst sich die Signifikanz des bestehenden Tötungs- und Verletzungsrisikos sodann nach dem Abstand zwischen der Windenergieanlage und dem Brutplatz. Dabei sehen die Regelungen in § 45b Abs. 2 bis 5 BNatSchG eine Kaskade aus unwiderleglichen und widerleglichen Vermutungen vor.

Für Windenergieanlagen im Nahbereich nach Anlage 1 Abschnitt 2 BNatSchG besteht die unwiderlegliche Vermutung einer signifikanten Risikoerhöhung. Demgegenüber wird bei Windenergieanlagen außerhalb des Nahbereichs, aber innerhalb des zentralen Prüfbereichs lediglich widerleglich vermutet, dass eine signifikante Risikoerhöhung vorliegt. Der Anlagenbetreiber kann die Vermutung insbesondere durch eine entsprechende Habitatpotentialanalyse widerlegen oder er ergreift eine der nach Anlage 1 Abschnitt 2 BNatSchG als grundsätzlich geeignet geltenden Schutzmaßnahmen.

Tritt der Anlagenbetreiber den Gegenbeweis für die Vermutung der Schädlichkeit seines Vorhabens nicht an oder misslingt ihm der Gegenbe-

---

6 Dazu *Lau*, in: Frenz/Müggenborg, BKom BNatSchG, 3. Aufl. 2021, § 44 Rn. 64 ff.
7 BVerfG, Beschl. v. 23.10.2018 – 1 BvR 2523/13, 1 BvR 595/14, BVerfGE 149, 407 ff.
8 Vgl. OVG NRW, Urt. v. 29.11.2022 – 22 A 1184/18, juris, Rn. 228 ff.

weis, kann die zuständige Behörde auch entsprechende Schutzmaßnahmen anordnen. Soweit die Schutzmaßnahmen darin bestehen, die Windenergieanlage zu bestimmen Zeiten bzw. bei Vorherrschen bestimmter Bedingungen abzuschalten, ist dies indes nur in den Grenzen des § 45b Abs. 6 BNatSchG möglich. An der Unionsrechtskonformität dieser Vorschrift bestehen allerdings erhebliche Zweifel, da sie die Zumutbarkeit von Abschaltungen ohne Abwägung mit den jeweiligen artenschutzrechtlichen Betroffenheiten allein vom Ertragsverlust bzw. den wirtschaftlichen Aufwendungen in Folge der Abschaltungen abhängig macht.[9]

Im Übrigen wird hier – wie auch sonst in § 45b BNatSchG – der Begriff der fachlich anerkannten Schutzmaßnahmen in einem anderen Sinn gebraucht als in § 44 Abs. 5 Satz 2 Nr. 1 BNatSchG. Während die fachlich anerkannten Schutzmaßnahmen in § 44 Abs. 5 Satz 2 Nr. 1 BNatSchG keinen Bezug zur signifikanten Risikoerhöhung aufweisen, sondern nochmals Ausdruck des Vermeidungsgebots und damit Voraussetzung für das Abstellen auf eine signifikante Risikoerhöhung sind,[10] bezeichnet der Begriff im Kontext des § 45b BNatSchG Maßnahmen zur Vermeidung einer signifikanten Risikoerhöhung.[11] Dies ist sehr unglücklich, zeichnet sich doch eine gute Gesetzgebung durch eine begriffliche Stringenz aus.

Befindet sich die Windenergieanlage außerhalb des zentralen Prüfbereichs, aber innerhalb des erweiterten Prüfbereichs nach Abschnitt 1 Anlage 1 BNatSchG, gilt die widerlegliche Vermutung, dass es nicht zu einer signifikanten Risikoerhöhung kommt. Ist die zuständige Behörde vom Gegenteil überzeugt, muss sie dafür den Beweis erbringen. Bei Windenergieanlagen außerhalb des erweiterten Prüfbereichs wird schließlich unwiderleglich vermutet, dass eine signifikante Risikoerhöhung nicht gegeben ist.

Auf andere Arten als die Brutvögel und auf andere Auswirkungen als die durch Kollision mit den Rotorblättern bedingte Mortalität findet § 45b BNatSchG ausdrücklich keine Anwendung. Diesbezüglich bleibt es mithin bei den bisherigen Regelungen, sodass insbesondere für die baubedingten Beeinträchtigungen sich dieselben Probleme wie bislang stellen.

Eine hiervon abweichende, spezielle Regelung enthält hingegen § 45c Abs. 2 BNatSchG für das Repowering. Diese Vorschrift betrifft alle planungsrelevanten Arten und alle Wirkpfade. Sie beschränkt die artenschutz-

9 *Gellermann*, NuR 2022, 589 (594); *Lukas*, NuL 2022, 38 (39); *Rieger*, UPR 2022, 453 (460); *Frenz*, EnZW 2022, 452 (454).

10 BayVGH, Beschl. v. 27.11.2017 – 22 CS 17.1574, juris, Rn. 32.

11 Vgl. BT-Drs. 20/2354, S. 26.

rechtliche Prüfung auf eine „Delta-Prüfung". Dies soll ausdrücklich auch für das Tötungs- und Verletzungsverbot des § 44 Abs. 1 Nr. 1 BNatSchG gelten, was insofern problematisch ist, als die hierbei maßgebliche Frage der signifikanten Risikoerhöhung nicht anhand der konkreten Vorbelastung, sondern anhand des generellen, allgemeinen Lebensrisikos zu bestimmen ist.[12] § 45c Abs. 2 BNatSchG fingiert damit, dass das mit der Bestandsanlage verbundene Tötungsrisiko unterhalb der Signifikanzschwelle liegt und somit einen geeigneten Maßstab bildet. Auf diese Weise wird das in sich schlüssige Konzept der Maßgeblichkeit der signifikanten Risikoerhöhung ausgehöhlt, sodass sich auch § 45c Abs. 2 BNatSchG unionsrechtlichen Bedenken ausgesetzt sieht. Im Einzelfall wird hier unter Berücksichtigung des Anwendungsvorrangs des europäischen Rechts in Abweichung von § 45c Abs. 2 BNatSchG eine Standardprüfung durchzuführen sein, etwa wenn sich die zu ersetzende Windenergieanlage in kritischer Nähe zu einem bekannten Schwerpunktvorkommen kollisionsgefährdeter Vögel befindet.

2 Regelungen zur Ausnahme

Der weitere Ausbau der Windenergienutzung an Land wird unweigerlich dazu führen, dass sich die Auslösung von Verbotstatbeständen nach § 44 Abs. 1 BNatSchG auch trotz der Erleichterungen in den §§ 45b und 45c BNatSchG nicht immer vermeiden lassen wird. Dies rückt die Ausnahme nach § 45 Abs. 7 BNatSchG stärker ins Blickfeld. Hinzu kommt, dass nach dem neuen § 45b Abs. 6 BNatSchG der Spielraum für die Anordnung effektiver Schutzmaßnahmen in Gestalt von Abschaltungen während bestimmter Zeiten enger geworden ist, sodass auch deswegen künftig voraussichtlich häufiger die Ausnahme bemüht werden muss. § 45 Abs. 7 BNatSchG räumt die Möglichkeit einer Ausnahme jedoch nur unter drei Voraussetzungen ein: Es muss einer der legitimen Ausnahmegründe nach Satz 1 der Vorschrift vorliegen, es dürfen keine zumutbaren Alternativen gegeben sein und der Erhaltungszustand der Populationen darf sich nicht verschlechtern. Bei den Arten nach Anhang IV der FFH-Richtlinie muss darüber hinaus die Vorgabe des Art. 16 Abs. 1 FFH-RL beachtet werden, dass die Populationen der Art trotz der Ausnahme in einem günstigen Erhaltungszustand verweilen müssen. Liegen diese Voraussetzungen vor, „kann" die zuständige Behörde eine Ausnahme erteilen.

---

12 BVerwG, Urt. v. 10.11.2016 – 9 A 18.15, BVerwGE 156, 215 (Rn. 84).

2.1 Ausnahmegrund

Aus welchen Gründen eine Ausnahme von den artenschutzrechtlichen Zugriffsverboten des § 44 Abs. 1 BNatSchG erteilt werden kann, regelt § 45 Abs. 7 Satz 1 BNatSchG abschließend. Der in der Verwaltungspraxis in Bezug auf die Errichtung und den Betrieb von Anlagen am häufigsten bemühte Ausnahmegrund sind dabei die sonstigen zwingenden Gründe des überwiegenden öffentlichen Interesses gemäß § 45 Abs. 7 Satz 1 Nr. 5 BNatSchG. Da dieser Ausnahmegrund jedoch lediglich in Art. 16 Abs. 1 FFH-RL[13] eine ausdrückliche europarechtliche Entsprechung findet, nicht aber auch in Art. 9 Abs. 1 der Vogelschutzrichtlinie (VRL)[14], ist zweifelhaft, ob er auch für artenschutzrechtliche Verbotsverletzungen im Hinblick auf Vögel herangezogen werden kann.[15]

Demgegenüber findet sich der Ausnahmegrund der öffentlichen Sicherheit nach § 45 Abs. 7 Satz 1 Nr. 4 BNatSchG nicht nur in Art. 16 Abs. 1 FFH-RL, sondern auch in Art. 9 Abs. 1 VRL. Dies hat die Frage aufgeworfen, ob die Errichtung und der Betrieb einer Windenergieanlage diesen Ausnahmegrund für sich in Anspruch nehmen können. In der Rechtsprechung finden sich sowohl Stimmen, die den Ausnahmegrund der öffentlichen Sicherheit für einschlägig halten,[16] als auch die Gegenansicht.[17] In der Literatur wird sogar teilweise vertreten, dass die Errichtung und der Betrieb einzelner Windenergieanlagen der Ausnahme in § 45 Abs. 7 BNatSchG überhaupt nicht zugänglich seien.[18]

Mit einstimmigem Beschluss hatte bereits die Umweltministerkonferenz am 13.05.2020 festgehalten, dass § 45 Abs. 7 BNatSchG auch auf einzelne Windenergieanlagen Anwendung finden und dabei der Ausnahmegrund der öffentlichen Sicherheit jedenfalls dann bzw. insoweit herangezogen werden könne, wie dem Ausbau der Windenergienutzung an Land ent-

---

13 Richtlinie 92/43/EWG des Rates vom 21. Mai 1992 zur Erhaltung der natürlichen Lebensräume sowie der wildlebenden Tiere und Pflanzen (ABl. L 206 vom 22.7.1992, S. 7).

14 Richtlinie 2009/147/EG des Europäischen Parlaments und des Rates vom 30. November 2009 über die Erhaltung der wild lebenden Vogelarten (kodifizierte Fassung) (ABl. L. 20 vom 26.1.2010, S. 7).

15 EuGH, Urt. v. 26.1.2012 – C-192/11, NuR 2013, 718 (Rn. 39), Kommission/Polen; BVerwG, Urt. v. 12.03.2008 – 9 A 3.06, BVerwGE 130, 299 (Rn. 262).

16 VG Wiesbaden, Urt. v. 24.07.2020 – 4 K 2962/16.WI, juris, Rn. 118 ff.

17 VG Gießen, Urt. v. 22.01.2020 – 1 K 6019/18.GI, juris, Rn. 119 ff.

18 *Gatz*, Windenergieanlagen in der Verwaltungs- und Gerichtspraxis, 3. Aufl. 2019, Rn. 297.

sprechende – flächen- oder mengenbezogene – Ausbauziele zugrunde liegen.[19] Der Gesetzgeber hat nunmehr in § 45b Abs. 8 Nr. 1 BNatSchG geregelt, dass § 45 Abs. 7 BNatSchG im Hinblick auf den Betrieb von Windenergieanlagen mit der Maßgabe gilt, dass der Betrieb von Windenergieanlagen im überragenden öffentlichen Interesse liegt und der öffentlichen Sicherheit dient. Gleiches ergibt sich bereits aus § 2 Satz 1 EEG[20]. Somit steht kraft Gesetzes fest, dass nicht nur auch einzelne Windenergieanlagen nach § 45 Abs. 7 BNatSchG ausnahmefähig sein können, sondern für die Errichtung und den Betrieb von Windenergieanlagen grundsätzlich auch der spezielle Ausnahmegrund der öffentlichen Sicherheit streitet. Dies ermöglicht eine artenschutzrechtliche Ausnahme gerade auch in Bezug auf Konflikte mit Vögeln.

Dass diese Regelung mit dem europäischen Recht nicht vereinbar wäre, ist zumindest derzeit nicht ersichtlich.[21] Der Ausnahmegrund der öffentlichen Sicherheit umfasst neben dem Schutz des Staates und seiner Einrichtungen auch die Aufrechterhaltung von elementaren Versorgungsleistungen, die für ein gedeihliches Zusammenleben in einer zivilisierten Gesellschaft des 21. Jahrhunderts unabdingbar erscheinen.[22] Dies betrifft in herausgehobener Weise die Energieversorgung. Deren Stellenrang wurde bereits in der bisherigen Rechtsprechung des Europäischen Gerichtshofs hervorgehoben.[23] Mit Blick auf die dringenden Erfordernisse des Klimaschutzes und die politischen Notwendigkeiten nach dem Angriff Russlands auf die Ukraine ist die Bedeutsamkeit einer gesicherten Energieversorgung vorrangig aus regenerativen Quellen nochmals erheblich gestiegen. Ungeachtet dessen stellt Art. 3 Abs. 1 der EU-Notfallverordnung (Verordnung (EU) 2022/2577)[24] ausdrücklich klar, dass die Planung, der Bau und der Betrieb von Anlagen und Einrichtungen zur Erzeugung von Energie aus erneuerba-

19 UMK, Hinweise zu den rechtlichen und fachlichen Ausnahmevoraussetzungen nach § 45 Abs. 7 BNatSchG bei der Zulassung von Windenergievorhaben, 13.05.2020, S. 11 ff. (verfügbar unter https://www.umweltministerkonferenz.de/documents/anlage-zu-top-4,-ziff-4_1591168257.pdf).

20 Erneuerbare-Energien-Gesetz vom 21. Juli 2014 (BGBl. I S. 1066), zuletzt geändert durch Artikel 3 des Gesetzes vom 22. Mai 2023 (BGBl. 2023 I Nr. 133).

21 OVG NRW, Urt. v. 29.11.2022 – 22 A 1184/18, juris, Rn. 359 ff.

22 *Lau*, NVwZ 2017, 830 (834 f.).

23 So etwa EuGH, Urt. v. 04.05.2016 – C-346/14, ECLI:EU:C:2016:322 (Rn. 73), Schwarze Sulm.

24 VERORDNUNG (EU) 2022/2577 DES RATES vom 22. Dezember 2022 zur Festlegung eines Rahmens für einen beschleunigten Ausbau der Nutzung erneuerbarer Energien (ABl. L. 335 vom 29.12.2022, S. 36).

ren Quellen sowie ihr Netzanschluss, das betreffende Netz selbst und die Speicheranlagen im überwiegenden öffentlichen Interesse liegen und der öffentlichen Gesundheit und Sicherheit dienen.

War bislang also der Ausnahme nach § 45 Abs. 7 BNatSchG für Windenergieanlagen nicht selten bereits das Vorliegen eines legitimen Ausnahmegrundes abgesprochen worden, wie das vor allem in Nordrhein-Westfalen ständige Verwaltungspraxis gewesen ist, so muss sich diese Sichtweise nunmehr grundlegend ändern. Das Vorliegen eines Ausnahmegrundes, insbesondere auch des besonderen Ausnahmegrundes der öffentlichen Sicherheit, ist fortan bis auf Weiteres nicht mehr der begründungsbedürftige Sonderfall, sondern der Regelfall.

2.2 Alternativenprüfung

§ 45 Abs. 7 Satz 2 Halbs. 1 BNatSchG verlangt darüber hinaus, dass keine zumutbaren Alternativen gegeben sein dürfen. In Bezug auf Windenergieanlagen stellt sich dabei vor allem die Frage, nach dem Suchraum möglicher Alternativstandorte. Dass zum Zeitpunkt der Genehmigungserteilung deutschlandweit kein artenschutzrechtlich weniger kritischer Alternativstandort vorhanden ist, wird man jedenfalls bis auf Weiteres nicht ernsthaft behaupten können. Umgekehrt ist es aber aufgrund der Ausbauziele für die Windenergienutzung auch nicht sinnvoll, auf aktuell noch vorhandene Alternativstandorte innerhalb ganz Deutschland abzustellen. Vielmehr kann es nur um Alternativen innerhalb eines bestimmten Gebiets gehen. Nach der – überzeugenden – Ansicht des Niedersächsischen Oberverwaltungsgerichts ist dieser Suchraum grundsätzlich auf die Ebene der Regionalplanung beschränkt, weil jedenfalls bislang die Regionalplanung die entscheidende Ebene zur überörtlichen Steuerung der Windenergienutzung gewesen ist.[25]

Fernerhin ist anerkannt, dass die Alternativenprüfung auf Genehmigungsebene durch die Steuerung der Windenergienutzung mit den Mitteln der Raumordnung und Landesplanung sowie der Bauleitplanung erheblich entlastet werden kann. Soweit hier ein Gesamtkonzept erarbeitet worden ist, kann sich die Alternativenprüfung grundsätzlich auf die Flächen beschränken, die planerisch für eine Windenergienutzung vorgesehen sind. Hieran knüpft nunmehr auch § 45b Abs. 8 Nr. 2 BNatSchG an. Danach sind bei einem Gebiet, das für die Windenergie in einem Raumordnungsplan

25 NdsOVG, Urt. v. 25.10.2018 – 12 LB 118/16, juris, Rn. 233.

oder unter Berücksichtigung artenschutzrechtlicher Belange in einem Flächennutzungsplan ausgewiesen ist, Standortalternativen außerhalb dieses Gebiets in der Regel nicht im Sinne des § 45 Abs. 7 Satz 2 BNatSchG zumutbar, bis gemäß § 5 WindBG festgestellt wurde, dass das jeweilige Land den Flächenbeitragswert nach Anlage 1 Spalte 2 dieses Gesetzes oder der jeweilige regionale oder kommunale Planungsträger ein daraus abgeleitetes Teilflächenziel erreicht hat.

Für Standorte, die nicht in einem Gebiet liegen, das für die Windenergie ausgewiesen ist, sieht § 45b Abs. 8 Nr. 3 BNatSchG vor, dass Standortalternativen außerhalb eines Radius von 20 km nicht nach § 45 Abs. 7 Satz 2 BNatSchG zumutbar sind, es sei denn der vorgesehene Standort liegt in einem Natura 2000-Gebiet mit kollisionsgefährdeten oder störungsempfindlichen Vogel- oder Fledermausarten. Konkret welche Überlegungen der Festlegung der Zumutbarkeitsgrenze auf einen Radius von 20 km zugrunde liegen, ist nicht ersichtlich. Dies macht die Regelung europarechtlich angreifbar. Es wäre besser gewesen, hier auf bestimmte administrative Grenzen (z.B. der regionalen Planungsregion gemäß Landesplanungsgesetz) als entsprechende „Bewirtschaftungseinheit“ für die Steuerung der Windenergienutzung abzustellen.

§ 45c Abs. 4 BNatSchG sieht darüber hinaus für Repowering-Vorhaben vor, dass abweichend von § 45b Abs. 8 Nr. 2 und 3 BNatSchG für die Alternativenprüfung nach § 45 Abs. 7 Satz 2 BNatSchG die Maßgabe gilt, dass Standortalternativen in der Regel nicht zumutbar sind, es sei denn der Standort liegt in einem Natura 2000-Gebiet mit kollisionsgefährdeten oder störungsempfindlichen Vogel- oder Fledermausarten. Die Vorschrift nimmt zwar explizit Bezug auf § 16b Abs. 1 und 2 BImSchG[26], zu beachten ist jedoch, dass der Begriff des Repowerings in § 45c Abs. 1 BNatSchG weiter gefasst wird. Danach werden von der Privilegierung auch neue Windenergieanlagen erfasst, die innerhalb von 48 Monaten nach dem Rückbau der Bestandsanlage errichtet werden und der Abstand zwischen der Bestandsanlage und der neuen Anlage höchstens das Fünffache der Gesamthöhe der neuen Anlage beträgt. Demgegenüber sieht § 16b Abs. 2 Satz 2 BImSchG eine Privilegierung nur für einen solchen Anlagenaustausch vor, bei dem die neue Windenergieanlage innerhalb von 24 Monaten nach dem Rückbau der Bestandsanlage errichtet wird und der Abstand zwischen

26 Bundes-Immissionsschutzgesetz in der Fassung der Bekanntmachung vom 17. Mai 2013 (BGBl. I S. 1274; 2021 I S. 123), zuletzt geändert durch Artikel 2 Absatz 3 des Gesetzes vom 19. Oktober 2022 (BGBl. I S. 1792).

der Bestandsanlage und der neuen Anlage höchstens das Zweifache der Gesamthöhe der neuen Anlage beträgt. Somit betrifft die grundsätzliche Befreiung von der Pflicht zur Durchführung einer Alternativenprüfung gemäß § 45c Abs. 4 BNatSchG nicht nur die Repowering-Vorhaben im Sinne des § 16b BImSchG, sondern sämtliche unter § 45c Abs. 1 BNatSchG fallenden Neuerrichtungen von Ersatzanlagen. Wegen der Weite des Begriffs des Repowerings nach § 45c Abs. 1 BNatSchG ist auch hinsichtlich dieser Vorschrift zweifelhaft, ob sie europarechtlich trägt.

Schließlich können weniger beeinträchtigende Alternativen nicht nur in einem anderen Standort bestehen, sondern auch in einem anderen Anlagenbetrieb bzw. im Ergreifen sonstiger Schutzmaßnahmen. Ein Anlagenbetrieb mit Abschaltungen während bestimmter sensibler Zeiten stellt demnach gegenüber dem uneingeschränkten Betrieb einer Windenergieanlage eine Alternative dar. Diesbezüglich sieht § 45b Abs. 9 BNatSchG vor, dass fachlich anerkannte Schutzmaßnahmen für die in Anlage 1 Abschnitt 1 genannten Brutvogelarten, die die Abschaltung von Windenergieanlagen betreffen, unter Berücksichtigung weiterer Schutzmaßnahmen auch für andere besonders geschützte Arten, nur angeordnet werden dürfen, soweit sie den Jahresenergieertrag an besonders ertragreichen Standorten im Sinne von § 36h Abs. 1 EEG um höchstens 6 %, im Übrigen um höchstens 4 % verringern. Die Berechnung erfolgt nach Anlage 2 BNatSchG, wobei Investitionskosten für Schutzmaßnahmen ab 17.000 € je Megawatt installierter Leistung mit angerechnet werden. Damit konkretisiert der Gesetzgeber die Zumutbarkeitsschwelle des § 45 Abs. 7 Satz 2 BNatSchG. Maßgeblich sind hierbei Ertragsverluste und Kostengesichtspunkte. Eine Abwägung mit der jeweiligen artenschutzrechtlichen Betroffenheit findet hingegen wiederum nicht statt, was die Regelung – wie schon § 45b Abs. 6 BNatSchG – europarechtlich auf sehr dünnes Eis stellt.

2.3 Wahrung des Erhaltungszustands

Schließlich verlangt § 45 Abs. 7 Satz 2 Halbs. 2 BNatSchG, dass sich der Erhaltungszustand der Populationen der Art nicht verschlechtern darf. Soweit die Vorschrift darüber hinaus auf Art. 16 Abs. 1 der FFH-Richtlinie verweist, ist dies für Vogelarten nicht von Relevanz.

Der Europäische Gerichtshof hat bereits klargestellt, dass bei der Prüfung dieses Verschlechterungsverbots zwar zunächst auf die lokale Population abzustellen ist, es letztlich aber auf eine gebietsbezogene Gesamtbetrachtung des natürlichen Verbreitungsgebiets der Art innerhalb der biogeografischen Region des Mitgliedstaates ankommt.[27] Für eine solche gebietsbezogene Gesamtbetrachtung fehlen jedoch in aller Regel die erforderlichen populationsbezogenen Daten. Daher ist es ständige Verwaltungspraxis, auf kleinere räumliche „Zwischenebenen“ abzustellen. Anerkannt ist beispielsweise die Prüfung der Verschlechterung bezogen auf den Erhaltungszustand der Populationen der biogeografischen Region des jeweiligen Bundeslandes.[28]

Zudem ist es möglich, dass Ausbleiben einer Verschlechterung des Erhaltungszustands dadurch sicherzustellen, dass populationsstützende Maßnahmen ergriffen werden (FCS-Maßnahmen), um das Vorhaben hinsichtlich der populationsbezogenen Auswirkungen neutral zu halten.[29]

Diese Vorgaben werden in § 45b Abs. 8 Nr. 4 BNatSchG dahingehend umgesetzt, dass im Hinblick auf den Betrieb von Windenergieanlagen nunmehr ausdrücklich festgehalten wird, dass sich der Erhaltungszustand der Populationen der Art nicht verschlechtert, wenn sich der Zustand der durch das Vorhaben jeweils betroffenen lokalen Population unter Berücksichtigung von Maßnahmen zu dessen Sicherung nicht verschlechtert. Dass bei fehlender Verschlechterung des Erhaltungszustands der lokalen Population darauf geschlossen werden kann, dass sich der Erhaltungszustand auch auf der größeren räumlichen Bezugsebene nicht verschlechtert, entspricht bereits der bisherigen Rechtslage.[30]

Darüber hinaus sieht § 45b Abs. 8 Nr. 5 BNatSchG vor, dass im Hinblick auf den Betrieb von Windenergieanlagen die Voraussetzungen des § 45 Abs. 7 Satz 2 BNatSchG hinsichtlich des Erhaltungszustands auch dann vorliegen, wenn auf Grundlage einer Beobachtung im Sinne des § 6 Abs. 2 BNatSchG zu erwarten ist, dass sich der Zustand der Populationen der betreffenden Art in dem betroffenen Land oder auf Bundesebene unter Berücksichtigung von Maßnahmen zu dessen Sicherung nicht verschlechtert. Demnach soll es allein auf die vorhandenen Informationen aus dem allgemeinen behördlichen Monitoring nach § 6 Abs. 2 BNatSchG ankommen. Diese Daten sind jedenfalls aktuell jedoch ganz überwiegend unzureichend, um das Ausbleiben einer Verschlechterung bestätigen zu können.

---

27 EuGH, Urt. v. 10.10.2019 – C-674/17, ECLI:EU:C:2019:851 (Rn. 58 f.), finnischer Wolf II.

28 Siehe nur OVG S.-A., Urt. v. 23.08.2017 – 7 K 66/16, juris, Rn. 187.

29 VGH Bad.-Württ., Urt. v. 23.09.2013 – 3 S 284/11, juris, Rn. 388.

30 BVerwG, Urt. v. 28.03.2013 – 9 A 22.11, BVerwGE 146, 145 (Rn. 135).

Demnach wird es bis auf Weiteres regelmäßig notwendig sein, auf FCS-Maßnahmen zurückzugreifen. Diesbezüglich regelt § 45d Abs. 1 BNatSchG, dass das Bundesamt für Naturschutz nationale Artenhilfsprogramme zum dauerhaften Schutz insbesondere der durch den Ausbau der erneuerbaren Energien betroffenen Arten, einschließlich deren Lebensstätten, aufstellt und die zu deren Umsetzung erforderlichen Maßnahmen ergreift. Dabei ist der Erwerb von landwirtschaftlich genutzten Flächen nur in begründeten Ausnahmefällen zulässig, die die Bundesregierung durch Rechtsverordnung näher bestimmt. Die gerade auch durch den Ausbau der erneuerbaren Energien zusätzlich erforderlich gewordenen Artenhilfsprogramme sollen also nicht zu Lasten der Landwirtschaft gehen. Dies stärkt den Vertragsnaturschutz, der allerdings das Problem der zeitlichen Begrenzung hat, wohingegen die Stabilisierung der Populationen der betroffenen Arten zur Daueraufgabe werden könnte.

Zudem regelt § 45d Abs. 2 BNatSchG, dass im Falle einer Ausnahme nach § 45 Abs. 7 BNatSchG nach Maßgabe des § 45b Abs. 8 Nr. 5 BNatSchG, ohne dass Maßnahmen zur Sicherung des Erhaltungszustands der betreffenden Art durchgeführt werden, der Träger des Vorhabens eine Zahlung in Geld zu leisten hat. Die Zahlung ist von der zuständigen Behörde zusammen mit der Ausnahmeentscheidung für die Dauer des Betriebs als jährlich zu leistender Betrag im Zulassungsbescheid festzusetzen. Die Höhe des jährlich zu leistenden Betrags errechnet sich dabei nach Anlage 2 Nr. 4 BNatSchG. Die dort niedergelegte Berechnungsformel lässt sich jedoch erst jeweils im Nachhinein umsetzen, wenn die jährlichen Erträge bekannt sind. Damit kann im Zulassungsbescheid schon rein logisch keine abschließende Festsetzung erfolgen. Dies führt zu der Umständlichkeit, dass eine jährliche Ermittlung und Festsetzung der Höhe des zu leistenden Betrags notwendig sind, was Ressourcen bei den Zulassungsbehörden bindet, die hier in aller Regel nicht vorhanden sind. Da gerade die Dauer der Genehmigungsverfahren infolge von Personalmangel ein großes Hemmnis beim Ausbau der erneuerbaren Energien darstellt, wird mit dieser Regelung dem Beschleunigungsanliegen ein Bärendienst erwiesen. Besser wäre gewesen, den Zulassungsbehörden lediglich die Festsetzung der Abgabe dem Grunde nach zu überlassen, die Festsetzung der Abgabenhöhe aber den Finanzämtern zu überantworten.

Gemäß § 45d Abs. 2 Satz 7 BNatSchG sind die vereinnahmten Mittel aus dieser Sonderabgabe für Maßnahmen im Rahmen nationaler Artenhilfsprogramme zur Sicherung oder Verbesserung des Erhaltungszustands der durch den Betrieb von Windenergieanlagen betroffenen Arten zu verwenden, für die nicht bereits nach anderen Vorschriften eine rechtliche Verpflichtung besteht. Ausdrücklich unberührt bleiben die Verpflichtungen aus der Eingriffsregelung nach § 15 BNatSchG (§ 45d Abs. 2 Satz 8 BNatSchG). Eine andere Vorschrift mit entsprechender rechtlicher Verpflichtung ist auch § 38 Abs. 2 BNatSchG. Die bereits nach dieser Vorschrift erforderlichen Artenhilfsprogramme können mithin nicht aus dem Aufkommen aus der Sonderabgabe nach § 45d Abs. 2 BNatSchG finanziert werden.

2.4 Ermessen

In § 45 Abs. 7 Satz 1 BNatSchG ist geregelt, dass bei Vorliegen der Ausnahmevoraussetzungen die Ausnahme erteilt werden „kann". Der Wortlaut deutet damit auf ein behördliches Ermessen hin. Da aber bereits im Rahmen der Prüfung der Ausnahmevoraussetzungen eine Interessenabwägung und Alternativenprüfung stattfindet, bestehen im Rahmen der Ermessensausübung kaum noch Spielräume, was impliziert, dass das behördliche Ermessen dahingehend intendiert ist, dass die Ausnahme bei Vorliegen der Ausnahmevoraussetzungen im Regelfall zu erteilen ist. In Bezug auf Windenergieanlagen sieht § 45b Abs. 8 Nr. 6 BNatSchG nunmehr vor, dass bei Vorliegen der Ausnahmevoraussetzungen die Ausnahme erteilt werden muss.

III Sonstige Neuregelungen

Besondere Regelungen gelten überdies in Windenergiegebieten nach § 2 Nr. 1 WindBG. Ausweislich des neuen § 6 Abs. 1 WindBG ist für Windenergieanlagen in solchen Gebieten keine artenschutzrechtliche Prüfung durchzuführen. Demzufolge stellt sich hier auch nicht die eventuelle Notwendigkeit einer Ausnahme nach § 45 Abs. 7 BNatSchG. Die Regelung geht auf Art. 6 der am 29.12.2022 in Kraft getretenen und zunächst auf 18 Monate befristeten EU-Notfallverordnung (Verordnung (EU) 2022/2577) zurück und ist daher nach § 6 Abs. 2 Satz 1 WindBG auf Anträge begrenzt, die spätestens bis zum 30.06.2024 gestellt worden sind.

Das besondere Artenschutzrecht wird dadurch nicht suspendiert oder gar aufgehoben. Es wird aber aus dem Prüfprogramm der präventiven Rechtmäßigkeitskontrolle im Rahmen von Genehmigungsverfahren gestrichen und bleibt damit lediglich noch dem repressiven Verwaltungshandeln vorbehalten mit entsprechender Verteilung der Darlegungs- und Beweislast, die nunmehr vollständig bei der zuständigen Behörde liegt. Die Rechtsfolge erkannter artenschutzrechtlicher Konflikte ist zudem nicht die Untersagung der Errichtung oder des Betriebs der Windenergieanlage, sondern lediglich die Anordnung von „Minderungsmaßnahmen". Dabei sieht § 6 Abs. 1 Satz 2 WindBG zusätzlich vor, dass der Nachweis artenschutzrechtlicher Konflikte nur mit verfügbaren Daten erbracht werden kann, die räumlich ausreichend konkret und nicht älter als fünf Jahre sind. Letztere Voraussetzung bedarf der unionsrechtskonformen Auslegung; denn eine solche Einschränkung findet sich nicht in Art. 6 der EU-Notfallverordnung. Ebenso wie der Antragsteller in einem Genehmigungsverfahren, in dem ihn die Darlegungs- und Beweislast für die Artenschutzrechtskonformität seines Vorhabens trifft, den erforderlichen Nachweis auch mit älteren Daten antreten kann, soweit deren ausreichende Aktualität anhand jüngerer vegetationskundlicher Daten belegt werden kann,[31] muss dies umgekehrt im Anwendungsbereich des § 6 Abs. 1 WindBG auch für den Gegenbeweis der Behörde gelten.

31 BVerwG, Urt. v. 7.7.2022 – 9 A 1.21, NuR 2023, 194 (Rn. 96).

Die Umsetzung des Wind-an-Land-Gesetzes in Berlin

Von Dr.-Ing. Tim Schwarz

I Einleitung

Das Gesetz zur Erhöhung und Beschleunigung des Ausbaus von Windenergieanlagen an Land (Wind-an-Land-Gesetz)[1] ist ein zentraler Baustein bei der weiteren Beschleunigung des Ausbaus der Windenergie an Land in Deutschland und damit der Erreichung der nationalen Klimaziele sowie dem Ausstieg aus der Nutzung fossiler Energieträger. Wesentlicher Regelungsinhalt ist die gesetzliche Umsetzung der Vorgabe aus dem Koalitionsvertrag über ein 2%-Flächenziel für die Windenergie an Land in Deutschland. Der Gesetzesentwurf gibt hierfür verbindliche Flächenziele für die einzelnen Bundesländer vor. Das Land Berlin muss bis Ende 2032 einen Flächenbeitragswert von 0,5% der Landesfläche als Windeignungsgebiete ausweisen, was einer Fläche von rund 450 Hektar entspricht. Der Nachweis der Erreichung des Flächenbeitragswertes erfolgt über die Ausweisung von Windeignungsgebieten auf der Ebene der Raumordnung oder der kommunalen Bauleitplanung. Erste Schritte der Umsetzung sind bereits bis 2024 in Form der Aufstellungsbeschlüsse nachzuweisen. Zur Vorbereitung der Umsetzung der Flächenbeitragswerte wurde bereits Ende 2022 ein Gutachten beauftragt, mit dem die Flächenverfügbarkeit anhand entsprechender Kriterien zur Raumnutzung sowie dem Umweltschutz geprüft wird. Im Ergebnis sollen Flächen identifiziert werden, die grundsätzlich als Windenergiegebiete geeignet sind und die Basis für eine gesamträumliche Steuerung zur Erfüllung der Flächenbeitragswerte bilden können. Da bislang im gesamten Stadtgebiet lediglich sechs Windenergieanlagen errichtet wurden und die Freiflächen im Außenbereich begrenzt sind und auch schon mit verschiedenen anderen Funktionen überlagert sind, stellt sich die Umsetzung der Anforderungen des Wind-an-Land-Gesetzes als Herausforderung für das Land Berlin dar.

1 Gesetz zur Erhöhung und Beschleunigung des Ausbaus von Windenergieanlagen an Land, vom 20. Juli 2022 (BGBl. I S. 1353).

II Anforderungen des Wind-an-Land-Gesetzes

Das Wind-an-Land-Gesetz dient der Umsetzung der Vorgabe des Koalitionsvertrags der Bundesregierung den Ausbau der Erneuerbaren Energien zu beschleunigen und zu vereinfachen und zwei Prozent der Bundesfläche für die Windenergie an Land auszuweisen.[2] Die Flächenziele für die Bundesländer werden in Artikel 1 Windenergieflächenbedarfsgesetz (WindBG) bestimmt. Der bestehende Mangel an verfügbaren Flächen für den beschleunigten Ausbau der Windenergie soll durch eine Änderung der bisherigen Planungssystematik für die räumliche Gesamtplanung erfolgen und wird in Artikel 2 über eine Änderung des Baugesetzbuchs[3] und in Artikel 3 über eine Änderung des Raumordnungsgesetzes[4] umgesetzt. Durch Artikel 4 des Wind-an-Land-Gesetzes werden die gesetzlichen Bestimmungen im Erneuerbare-Energien-Gesetz[5] über die Berichtspflichten der Länder an den Bund-Länder Kooperationsausschuss zum EEG angepasst. Die Änderungen des BauGB und des ROG sind, wie das Wind-an-Land-Gesetz selbst, am 1. Februar 2023 in Kraft getreten. Darüber hinaus erfolgte durch eine Änderung des Bundesnaturschutzgesetzes[6] eine Öffnung von Landschaftsschutzgebieten für Windenergieanlagen (§ 26 Abs. 3 BNatSchG) und die Vorgabe standardisierter Prüfungen, um die Betroffenheit von kollisionsgefährdeten Brutvogelarten zu vereinfachen (§ 45b BNatSchG).

1. Windflächenbedarfsgesetz

Zielsetzung des Windflächenbedarfsgesetzes (WindBG) ist der beschleunigte Ausbau der Windenergie in den Bundesländern, indem den Ländern eine Pflicht zur Ausweisung konkreter Flächenbeitragswerte für den Ausbau der Windenergie aufgegeben wird (§ 1 WindBG). Die Verpflichtung

---

2 Koalitionsvertrag 2021-2025 zwischen der Sozialdemokratischen Partei Deutschlands (SPD), Bündnis 90/Die Grünen und den Freien Demokraten (FDP), Berlin 2021, S. 44.

3 Baugesetzbuch (BauGB), in der Fassung der Bekanntmachung vom 3. November 2017 (BGBl. I S. 3634), zuletzt geändert durch Art. 1 des Gesetzes vom 3. Juli 2023 (BGBl. 2023 I Nr. 176).

4 Raumordnungsgesetz vom 22. Dezember 2008 (BGBl. I S. 2986), zuletzt geändert durch Artikel 1 des Gesetzes vom 22. März 2023 (BGBl. 2023 I Nr. 88).

5 Erneuerbare-Energien-Gesetz (EEG) vom 21. Juli 2014 (BGBl. I S. 1066), zuletzt geändert durch Artikel 6 des Gesetzes vom 4. Januar 2023 (BGBl. 2023 I Nr. 6).

6 Viertes Gesetz zur Änderung des Bundesnaturschutzgesetzes, vom 20. Juli 2022 (BGBl. 2022 I Nr. 28, 1362).

zur Ausweisung der Windenergiegebiete sowie die Flächenbeitragswerte für die jeweiligen Bundesländer werden in § 3 WindBG sowie der dazugehörigen Anlage 1 geregelt. Für die Stadtstaaten Berlin, Hamburg und Bremen sind die zu erbringenden Flächenbeitragswerte geringer als für die Flächenstaaten. Danach muss das Land Berlin bis zum 31. Dezember 2027 einen Anteil in Höhe von 0,25% und bis 31. Dezember 2032 einen Anteil in Höhe von 0,5% der Landesfläche ausweisen. Bis zum 31. Mai 2024 sind dem EEG-Kooperationsausschuss Planaufstellungsbeschlüsse zur Ausweisung der notwendigen Flächen nachzuweisen. Die Windenergiegebiete sowie eine Detailregelung zur Anrechnung von Flächen, bei denen die Rotoren der Windenergieanlagen innerhalb liegen müssen (Rotor-In-Flächen) oder auch außerhalb der Flächen liegen können (Rotor-Out-Flächen) werden in § 2 WindBG legal definiert. Weitere Aspekte der Anrechenbarkeit von Flächen auf die Flächenbeitragswerte werden in § 4 WindBG geregelt. Hierzu gehört die Definition der anrechenbaren Flächen und die Regelung, dass Höhenbegrenzungen in den Ausweisungen zur Nichtanrechenbarkeit der ausgewiesenen Flächen für Windenergie an Land führen (§ 4 Abs. 1 WindBG). Darüber hinaus wird in § 4 Abs. 2 WindBG die Anrechenbarkeit mit der Rechtswirksamkeit des Plans verknüpft sowie eine Teilanrechenbarkeit in § 4 Abs. 3 WindBG ermöglicht. Speziell für die Länder mit Braunkohletagebaubetrieben wird in § 4 Abs. 4 WindBG eine anteilige Anrechnung von Flächen innerhalb des Abbaubereichs eines Braunkohlen- oder Sanierungsplans geregelt. Die Feststellung und Bekanntmachung des Erreichens der Flächenbeitragswerte wird in § 5 WindBG sowie eine Evaluierung in § 6 WindBG geregelt.

2. Änderungen des Baugesetzbuchs

Die wesentlichen Neuerungen im Hinblick auf die planerische Steuerung der Windenergie ergeben sich über Änderungen des § 35 BauGB sowie einer kompletten Neufassung des § 249 BauGB. Dabei wird das bisherige System der „Negativplanung", bei der auf der Ebene der Raumordnung oder Bauleitplanung Flächen für die Windenergie, z.B. als Vorranggebiet Windenergie oder Sonderbaufläche Windenergie, bestimmt werden und gleichzeitig der Ausschluss der Windenergie über eine Aufhebung der Privilegierung der Windenergie nach § 35 Abs. 1 Nr. 5 BauGB über den Planvorbehalt des § 35 Abs. 3 Satz 3 BauGB an den übrigen Stellen des Plangebiets zugunsten einer „Positivplanung" aufgegeben. Nunmehr können zwar auch

Flächen im Rahmen der Raumordnungsplanung oder der Bauleitplanung ausgewiesen werden, die für die Windenergie geeignet sind. Allerdings kommt es nicht mehr zu der Ausschlusswirkung an den übrigen Stellen des Plangebiets, da der Planvorbehalt des § 35 Absatz 3 Satz 3 BauGB für Windenergievorhaben nicht mehr anwendbar ist. Somit kann die Privilegierung der Windenergie nach § 35 Abs. 1 Nr. 5 BauGB nur noch auf bestimmte Flächen „gelenkt" werden, während sich die Zulässigkeit der Windenergie an den übrigen Stellen des Plangebiets nach der Vorschrift des § 35 Abs. 2 BauGB als sonstiges Vorhaben im Außenbereich beurteilt und somit auch als „Entprivilegierung" bezeichnet werden kann. Diese Steuerungswirkung tritt allerdings nur in Kraft, wenn die Flächenbeitragswerte für den jeweiligen Planungsraum erreicht werden, also genügend Flächen planerisch ausgewiesen sind und die Planung rechtswirksam ist. Ist dies nicht der Fall, bleibt es bei der Privilegierung der Windenergie nach § 35 Abs. 1 Nr. 5 BauGB für den gesamten Planungsraum, was eine Genehmigung im Einzelfall ermöglichen soll.

Soweit das Grundkonzept der Neuregelung zur Steuerung der Windenergie durch die räumliche Gesamtplanung. Der Hauptvorteil ist darin zu sehen, dass die Komplexität der Erstellung von Plänen zur Steuerung der Windenergie reduziert wird, die nicht zuletzt auch eine erhebliche Fehleranfälligkeit bei einer gerichtlichen Überprüfung der Planwerke aufwiesen.[7] Allerdings wird dieses Grundkonzept durch verschiedene Ausnahmen und weitere Regelungen des § 249 BauGB erweitert, was gesetzgebungstechnisch zwar nachvollziehbar bzw. notwendig ist, in der Planungspraxis aber einige Fragen aufwerfen dürfte, die hier an dieser Stelle jedoch nicht weiter behandelt werden sollen. Hierzu sei auf die Beiträge von *Mitschang* zum Konzept des Windflächenbedarfsgesetzes sowie *Reidt* zum neuen Zulassungsregime für Windenergieanlagen in diesem Tagungsband hingewiesen.

III Umsetzung in Berlin

Vor dem Hintergrund der Anforderungen des Windflächenbedarfsgesetzes sowie den neuen planerischen Steuerungsmöglichkeiten im BauGB ist zunächst auf die planerischen Aktivitäten zum Ausbau der Windenergie im Land Berlin einzugehen.

---

7 Vgl. Wegner, Fehlerquellen von Windkonzentrationszonenplanungen – Analyse aktueller gerichtlicher Entscheidungen, ZfBR 6/2016, 548 (554).

1. Windenergiestudie 2004

Bereits im Jahr 2004 wurde eine Expertise zur Nutzung der Windenergie in Berlin erstellt, um eine Gebietsauswahl potenziell geeigneter Flächen zu treffen. Methodisch erfolgte dies durch das schrittweise Ausscheiden konflikthafter Flächen (Tabu- und Restriktionsflächen). Für diese Ausschlussmethode wurden folgende Kriterien verwendet:

- Unbebaute oder bebaute Innenbereichsflächen sowie Außenbereichsflächen im Innenbereich (Außenbereichsinseln).
- Bebaute und durch Bauleitplanung überplante Siedlungsflächen im Außenbereich.
- Straßenflächen, Bahnflächen, Richtfunkstrecken, Freileitungen, Abgrabungs-, Gewässer- und Überschwemmungsflächen sowie militärische Flächen.
- Flächen für andere im Außenbereich privilegierte Nutzungen, die im Konflikt mit der Windenergienutzung stehen.
- Flächen des Naturschutzes und der Landschaftspflege, insbesondere FFH- und Vogelschutzgebiete sowie Naturparks.
- Flächen mit einer empfindlichen Avifauna.
- Landschaftsschutzgebiete und Wald (kein genereller Ausschluss aber differenzierte Betrachtung).
- Unter bestimmten Bedingungen das Landschaftsbild, soweit dieses eine besondere Schutzwürdigkeit aufweist.
- Tabu- und Abstandsflächen, die auf öffentlichen Belangen beruhen.

Die nach Berücksichtigung dieser Kriterien verbleibenden Flächen konnten als Vorrangflächen in Betracht gezogen werden, wenn diese aufgrund energiewirtschaftlicher Aspekte, wie der Windhöffigkeit, der Entfernung zu einem Netz-Einspeisungspunkt sowie der Erschließung grundsätzlich geeignet sind.

Als Tabubereiche wurden Gebiete eingestuft, bei denen fachliche, raumordnerische oder stadtplanerische Belange einer Errichtung von Windenergieanlagen entgegenstehen und zu einem Ausschluss führen, da die Belange keiner Abwägung zugänglich sind. Dies trifft z.B. bei ausgewiesenen Naturschutzgebieten oder FFH-Gebieten zu. Als Restriktionsflächen wurden solche Gebiete eingestuft, bei denen fachliche, raumordnerische oder stadtplanerische Belange zwar entgegenstehen, aber einer Abwägung zugänglich sind und daher einer genaueren Betrachtung unterzogen werden müssen. Dies gilt insbesondere für Pufferflächen um Tabubereiche.

In der Studie 2004 wurden dabei für verschiedene Nutzungen, wie z.B. Baugebiete nach der Baunutzungsverordnung[8] auf der Grundlage der Schalleistungspegel einer Windenergieanlage sowie den Immissionsrichtwerten der TA-Lärm[9] in der Nacht Mindestabstände festgelegt. Für Siedlungsbereiche wurde ein Mindestabstand von 500 m vorgegeben, der jedoch im Einzelfall erweitert werden konnte. Für Einzelhäuser und Splittersiedlungen wurde ein Abstand von 300 m empfohlen. Bei Naturschutzgebieten wurde ein Restriktionsbereich von 1000 m um das eigentliche Schutzgebiet vorgegeben, bei Vogelschutzgebieten eine Pufferzone von 300 m. Bei Waldflächen wurde bereits 2004 kein genereller Ausschluss vorgegeben, da bereits damals absehbar war, dass aufgrund der Nabenhöhe der Anlagen ein wirtschaftlicher Betrieb ohne eine Beeinträchtigung des Waldes grundsätzlich möglich ist.

Im Ergebnis der Studie aus dem Jahr 2004 wurden neun Flächen mit einem Umfang von rund 485 Hektar identifiziert, die für eine Nutzung der Windenergie grundsätzlich in Frage kommen, bei denen sich allerdings zum Teil immer noch ein erhebliches Konfliktpotenzial im Hinblick auf den Natur- und Landschaftsschutz ergab. Daneben ging es auch um die grundsätzliche Frage der Nutzung von Waldflächen für die Windenergie. Trotz dem Ergebnis der Studie wurde in der weiteren politischen Behandlung kein Entschluss für eine planerische Steuerung der Windenergie gefasst. Somit beurteilen sich Windenergieanlagen in Berlin nach § 35 Abs. 1 Nr. 5 BauGB als privilegierte Vorhaben im Außenbereich. Eine landesrechtliche Abstandsregelung für Windenergieanlagen zu Siedlungsbereichen wurde nicht erlassen. Diese Ausgangssituation entspricht damit dem Zustand, der planungsrechtlich eintreten würde, wenn die Flächenziele des WindBG nicht innerhalb der vorgesehenen Zeiträume bzw. Stichtage erreicht würde.

Aber auch mit dieser planungsrechtlichen Ausgangssituation, die eine Genehmigung von Anlagen über ein immissionsschutzrechtliches Verfahren ermöglicht, kam es bislang nicht zu einem intensivierten Ausbau der Windenergie in Berlin. Aktuell gibt es im Stadtgebiet von Berlin sechs gro-

8 Baunutzungsverordnung (BauNVO) in der Fassung der Bekanntmachung vom 21. November 2017 (BGBl. I S. 3786), zuletzt geändert durch Artikel 1 Gesetz vom 3. Juli 2023 (BGBl. 2023 I Nr. 176).

9 Sechste Allgemeine Verwaltungsvorschrift zum Bundes-Immissionsschutzgesetz (Technische Anleitung zum Schutz gegen Lärm – TA Lärm), Vom 26. August 1998 (GMBl Nr. 26/1998 S. 503), geändert durch Verwaltungsvorschrift vom 01.06.2017 (BAnz AT 08.06.2017 B5).

ße Windenergieanlagen. Vier Anlagen befinden sich im Gewerbegebiet am Autobahndreieck Pankow und zwei entlang der Bundesstraße B2 zwischen Malchow und der Landesgrenze zu Brandenburg. Zusammen haben diese eine installierte Leistung von 16,5 Megawatt (MW).

2. Windpotenzialstudie 2023

Aufgrund der sich aus dem Windflächenbedarfsgesetz ergebenden Verpflichtung zur Ausweisung von Windenergiegebieten in Berlin im Umfang von rund 450 Hektar, aber auch im Hinblick auf die energiepolitischen Zielsetzungen auf Landesebene zum Ausbau der erneuerbaren Energien und der Erreichung der Klimaneutralität Berlins bis 2045[10] wird aktuell eine Prüfung der Verfügbarkeit von Flächen für die Windenergiegebiete im Land Berlin durchgeführt, da die zuvor genannte Studie rund 20 Jahre alt und daher eine Überprüfung geboten ist.

Grundlage dieser Prüfung bildet die Windpotenzialstudie des Bundeswirtschaftsministeriums[11], in der eine bundesweite Raumbewertung erfolgte. In einem ersten Teil wird eine Methodik für das Land Berlin zur Herleitung möglicher Potenzialflächen entwickelt. Ziel ist es, ohne Vorfestlegungen den methodischen Ansatz der durch den Bund beauftragten Windpotenzialstudie darzustellen und zu reflektieren und die spezifischen Anforderungen für Berlin zu konkretisieren. Auf dieser Grundlage wird in Abstimmung zwischen beteiligten Senatsverwaltungen eine Strukturierung des weiteren Untersuchungsrahmens und die Betrachtung von Handlungsoptionen und Szenarien vorgenommen. In diesem zweiten Teil soll eine räumlich konkrete (parzellenscharfe) Identifizierung von Flächen erfolgen, die für Windkraftanlagen geeignet sind. Dies erfolgt auf Grundlage der ermittelten Ausschluss- und Restriktionskriterien sowie anhand von Szenarien. In der Analyse sollen in einem erweiterten Betrachtungsrahmen möglichst viele Fallkonstellationen betrachtet werden. Hinsichtlich der Ergebnisfindung sollen in Abstimmung mit den beteiligten Senatsverwaltungen drei Szenarien weiter ausgearbeitet und in Plandarstellungen vergleichbar aufbereitet werden. Hinsichtlich der Ableitung von

10 Berliner Klimaschutz- und Energiewendegesetz (EWG Bln), vom 22. März 2016 (GVBl. S. 122), zuletzt geändert durch Artikel 1 des Gesetzes vom 27. August 2021 (GVBl. S. 989).

11 Guidehouse Germany GmbH (Hrsg.), Analyse der Flächenverfügbarkeit für Windenergie an Land post-2030, Berlin 2022.

Handlungsempfehlungen sind insbesondere die Fragen relevant, wie die Stärken und Schwächen der Szenarien zu bewerten sind und mit welchen Szenarien das 0,5% Flächenziel für Berlin erreichbar ist. Für die Szenarien mit den unterschiedlichen Flächenidentifizierungen sind verschiedene Kriterien-Sets zusammenzustellen und anzuwenden. Zu berücksichtigen sind dabei insbesondere

- Restriktionen, Konflikte und Eignungskriterien von Flächen,
- Anforderungen an (Mindest-)Flächen- und Anlagengrößen,
- Planungsrechtliche Vorgaben (Raumordnung, Bauleitplanung),
- Umweltplanerische Vorgaben (Naturschutz und Landschaftsplanung) und
- Fachplanungen (u.a. Verkehr, Schiene, Flugsicherung, Bundeswehr).

Besondere Herausforderungen in Berlin stellen dabei der Artenschutz im Hinblick auf die Avifauna, Wald- und Waldflächen mit besonderer Bedeutung sowie Erholungs- und stadtnahe Erholungsgebiete mit gesamtstädtischer Bedeutung und nicht zuletzt die Kompensationsflächen vor dem Hintergrund der wachsenden Stadt dar. Daher werden im Rahmen der Studie auch Gewerbe- oder Industriegebiete in die Prüfung der Flächeneignung einbezogen. Die anzuwendenden Kriterien-Sets sollen für alle Flächen angewendet werden, die für eine Nutzung der Windenergie in Frage kommen und einen Beitrag zum Flächenbeitragswert im Sinne des WindBG leisten können. Die Diskussion der Ergebnisse der Szenarien-Betrachtung erfolgt im Hinblick auf die Eignung einer Positivliste durch die beteiligten Senatsverwaltungen und die betroffenen Bezirke. Darüber hinaus soll eine Aufbereitung für eine Öffentlichkeitsbeteiligung entsprechend den Leitlinien für Beteiligung von Bürgerinnen und Bürgern an der Stadtentwicklung erfolgen. Für die Erarbeitung wurde eine ressortübergreifende Arbeitsgruppe der Wirtschafts-, Umwelt- und Bauverwaltung gebildet.

In Abhängigkeit von den Ergebnissen der Studie, insbesondere wenn die Flächenziele des WindBG erreicht werden können, ist die planerische Steuerung bzw. Flächenausweisung entsprechend den Vorgaben des WindBG bzw. dem BauGB zu prüfen. In Berlin kommt dabei sowohl die Ebene des Flächennutzungsplans als auch eine Aufstellung von Bebauungsplänen in Frage. Im Hinblick auf eine gesamtstädtische Steuerung sowie die flächenhafte Ausweisung der Windenergiegebiete, die noch keine standortgenaue Verortung der einzelnen Windenergieanlagen erfordert, erscheint allerdings die Flächennutzungsplanung das geeignetere Instrument hierfür.

Im Ergebnis könnte bei Erreichung des Flächenbeitragswertes von 450 Hektar eine Leistung von ca. 100 bis 150 MW erreicht werden. In Abhängigkeit von der Leistungsklasse der zu errichtenden Anlagen, wären dies bei einer Einzelanlagen-Leistung von ca. 3 MW 20-30 Anlagen. Aufgrund dieser, im Vergleich zu den Flächenländern, geringen Anzahl von Anlagen wird deutlich, dass es für die Zielerreichung in Berlin auf jede einzelne Anlage ankommt und auch die Anrechnung der bestehenden Anlagen von Bedeutung ist. Darüber hinaus kommen Möglichkeiten der Anrechnung von Flächenbeitragswerten außerhalb des Stadtgebietes z.B. auf den Flächen der Berliner Stadtgüter in Brandenburg in Betracht. Zu beachten sind hierbei allerdings die Vorgaben des § 6 Abs. 4 WindBG, wonach neben einen Staatsvertrag zwischen den beiden Bundesländern zunächst auch die im WindBG vorgesehenen Flächenbeitragswerte in Brandenburg zu erreichen sind, um überhaupt eine Anrechnung vornehmen zu können.

3. Weitere Möglichkeiten zum Ausbau der erneuerbaren Energien in Berlin

Unabhängig von den Anforderungen des Wind-an-Land-Gesetzes zum Ausbau der Windenergie in den Bundesländern hat das Land Berlin ebenso die Notwendigkeit erkannt, den Ausbau der erneuerbaren Energien zu forcieren, unter anderem, um das Ziel des Berliner Energiewendegesetzes der Klimaneutralität bis 2045 zu erreichen. Aufgrund der geringen Flächenverfügbarkeit im Außenbereich gibt es, wie bereits beschrieben, bislang nur wenige „große" Windenergieanlagen im Stadtgebiet. Neben den Möglichkeiten der Errichtung von Windenergieanlagen oder auch PV-Anlagen im Außenbereich bestehen aber auch im Siedlungsbereich weitere Möglichkeiten für den Ausbau der erneuerbaren Energien, von denen zwei im Folgenden noch kurz dargestellt werden sollen.

3.1 Ausbau der Fotovoltaik

Die erste besteht in dem Ausbau der Fotovoltaik. Mit dem der Umsetzung des Masterplans Solarcity und dem neuen Solargesetz Berlin[12] hat das Land hier bereits wirksame Instrumente geschaffen, um eine möglichst schnelle und deutliche Steigerung des Solarstromanteils auf bis zu 25 Prozent zu

12 Solargesetz Berlin, vom 5. Juli 2021 (GVBl. Nr. 54 vom 15. Juli 2021, S. 837).

erreichen. Das Solargesetz Berlin sieht ab dem 1. Januar 2023 eine Solarpflicht für Eigentümer von nicht öffentlichen Gebäuden vor. Die gilt für einen Neubau ebenso wie bei wesentlichen Umbauten des Daches, bei denen die wasserführende Schicht (Dachhaut) eines Bestandsgebäudes erheblich erneuert wird. Damit die Solarpflicht zu beachten ist, muss der Baubeginn nach dem 31. Dezember 2022 erfolgen. Die Pflicht gilt sowohl für Wohn- wie für Nichtwohngebäude, also z. B. auch für Gewerbe und Industrie. Eine Ausnahme besteht u.a. für Gebäude mit einer Nutzungsfläche bis 50 Quadratmeter. In einem Praxisleitfaden wird eine Übersicht über die Solarpflicht und auch die Ausnahmen hiervon gegeben, um der Öffentlichkeit und insbesondere den von der Solarpflicht betroffenen Akteuren eine Hilfestellung bei der Anwendung zu geben und zusätzlich einen Überblick über das Informations- und Förderangebot des Landes Berlin bereitzustellen.[13] Aufgrund dieser gesetzlichen Vorgabe zur Errichtung von PV-Anlagen sind Festsetzungen in den Berliner Bebauungsplänen nach § 9 Abs. 1 Nr. 23b BauGB über PV-Anlagen nur noch dann notwendig, wenn der durch das Solargesetz geregelte PV-Anteil von 30% der Bruttodachfläche noch überschritten werden soll. Hierdurch wird eine Erleichterung der Bebauungsplanung im Hinblick auf die Begründung erreicht. Gleichzeitig muss dieser gesetzlich geregelte Anteil von PV-Anlagen aber auch bei Festsetzungen zur Dachbegrünung mit berücksichtigt werden, wobei von einer grundsätzliche Vereinbarkeit von PV-Anlagen und Dachbegrünungen bei Berücksichtigung bestimmter Vorgaben auszugehen ist.[14]

3.2 Kleinwindanlagen

Ein weiteres Potenzial für die Nutzung der erneuerbaren Energien im Siedlungsbereich bieten neben der Fotovoltaik auf Dächern oder an Gebäuden auch Kleinwindenergieanlagen. Im Hinblick auf die hohen Energiepreise sowie die notwendige Beschleunigung des Ausbaus der erneuerbaren Energien dürften künftig sowohl bei Neubauvorhaben als auch

13 Praxisleitfaden Solargesetz Berlin, im Internet unter: https://www.berlin.de/sen/energie/erneuerbare-energien/solargesetz-berlin/artikel.1209623.php, Zugriff am 22.4.2023.

14 vgl. Stadt München (Hrsg.), PV-Anlagen und Dachbegrünung Photovoltaik-Planungsleitfaden, München 2019, im Internet unter: https://stadt.muenchen.de/dam/jcr:f94f9318-15b2-44c5-81e3-89eb8651b9f5/pv_dachbegruenung.pdf, Zugriff am 28.4.2023.

im Bestand Anlagen zur Erzeugung von Strom z.B. in Form von Kleinwindenergieanlagen auf Dächern eine größere Rolle spielen. Aus diesem Grund wurde eine Übersicht der zu beachtenden Rechtslage für solche Anlagen im Hinblick auf das Bauplanungs- und das Bauordnungsrecht zusammengestellt.[15] Betrachtet werden hierbei die rechtliche Einordnung sowie die Inhalte der Prüfungen, die vorzunehmen sind, wenn eine Kleinwindanlage im unbeplanten Innenbereich auf Grundlage von § 34 BauGB errichtet werden soll. Neben den allgemeinen Anforderungen an den Tatbestand des Einfügens müssen dabei insbesondere die gesunden Wohn- und Arbeitsverhältnisse sowie das Rücksichtnahmegebot gewahrt werden. Entsprechende Untersuchungen bzw. Nachweise sind dabei insbesondere im Hinblick auf den Schattenwurf, möglichen Eiswurf sowie Schallimmissionen zu erbringen. Auch die Frage der Beeinträchtigung des Ortsbildes kann sich ergeben. Eine solche liegt zumindest dann nicht vor, wenn in der Umgebung bereits zahlreiche mastenähnliche Anlagen vorhanden sind, die dem Vorhaben hinsichtlich der Kubatur vergleichbar sind. Ferner sind die technische Neuartigkeit einer Anlage und die dadurch bedingte optische Gewöhnungsbedürftigkeit allein nicht geeignet, das Ortsbild zu beeinträchtigen. Die Erschließung dürfte bei vorhandenen Gebäuden, auf deren Dach eine Windenergieanlagen errichtet werden soll, keine Rolle spielen, da in diesem Fall die Erschließung für das Gebäude bereits gegeben ist. Auf der Grundlage eines Pilotprojektes im Bezirk Lichtenberg, bei dem auf einem Wohn-Hochhaus mit rund 60 m Gebäudehöhe vier Kleinwindanlagen mit einer Nabenhöhe von ca. 15 m geplant sind, die einen Teil der Wohnungen mit Strom versorgen sollen und für die die Senatsverwaltung für Stadtentwicklung, Bauen und Wohnen in Amtshilfe das Baugenehmigungsverfahren übernommen hat, soll die Handreichung zur Genehmigung fortgeschrieben werden.[16]

IV Fazit

Mit dem Wind-an-Land-Gesetz wird das Land Berlin verpflichtet, einen Anteil von 0,5% der Landesfläche als Windenergiegebiete auszuweisen. Da-

---

15 Leitfaden Windenergie auf Dächern, im Internet unter: https://www.berlin.de/sen/sbw/service/rundschreiben/leitfaeden-und-arbeitshilfen/, Zugriff am 22.4.2023.

16 Informationen zum Projekt Liese der howoge im Berliner Bezirk Lichtenberg im Internet unter: https://www.rbb24.de/wirtschaft/beitrag/2022/08/berlin-howoge-hochhaus-windkraftanlagen-dach-erneuerbare.html, Zugriff am 24.4.2023.

mit wird dem Ausbau der erneuerbaren Energien in der Bundeshauptstadt eine weitere Facette hinzugefügt. Denn über das Berliner Energiewendegesetz besteht bereits eine Verpflichtung zum Ausbau der Erneuerbaren Energien zur Erreichung des Ziels der Klimaneutralität bis 2045. Um zu prüfen, ob eine Ausweisung von Windenergiegebieten nach dem Windflächenbedarfsgesetz für Berlin erfolgen kann, mit der die Flächenbeitragswerte erreicht werden können, wird aktuell eine Studie erstellt, in der Restriktionen und Konflikte zusammengestellt werden und eine Flächenkulisse entwickelt wird. Es ist jedoch damit zu rechnen, dass ein Ausbau der Windenergie im Außenbereich zum Teil auf erhebliche Konflikte trifft. Denn zum einen sind die verfügbaren Außenbereichsflächen deutlich beschränkt und unterliegen bereits heute einem hohen Nutzungsdruck, z.B. im Hinblick auf die Erholung, was bereits Konflikte mit dem Naturschutz entstehen lässt. Zum anderen besteht, wie auch in vielen anderen deutschen Städten, ein erheblicher Wohnungsbedarf, der nicht allein über die Innenentwicklung bzw. Nachverdichtungen im Siedlungsbestand gedeckt werden kann. Insofern muss auch den neuen Stadtquartieren, die im Außenbereich entstehen, genügend Spielraum zur Entwicklung gelassen werden. Daher müssen neben dem Ausbau der Windenergie im Außenbereich weitere Möglichkeiten der erneuerbaren Energie im Siedlungsbereich in Form der Nutzung der Fotovoltaik und auch Kleinwindanlagen geprüft werden. Darüber hinaus sind natürlich auch Maßnahmen zur Steigerung der Energieeffizienz unerlässlich, die sowohl im Neubau als auch dem Siedlungsbestand ein erhebliches Potenzial haben.

Praxisbericht aus Brandenburg

Von Sandra Harnisch

I Flächenzielvorgaben für Brandenburg

Mit dem Gesetz zur Erhöhung und Beschleunigung des Windenergieausbaus an Land vom 20. Juli 2022 (BGBl. I S. 1353) (sog. Wind-an-Land-Gesetz) sind die bundesrechtlichen Rahmenbedingungen für Zulassung und planerische Steuerung von Windenergieanlagen grundlegend geändert worden. Anknüpfend an die verbindliche Vorgabe von auf die Windenergie bezogenen Flächenzielen für die Bundesländer im Windenergieflächenbedarfsgesetz (WindBG)[1] wurden zur Bestimmung der Rechtsfolgen einer Zielerreichung bzw. Zielverfehlung insbesondere im Baugesetzbuch (BauGB)[2] verschiedene Anpassungen vorgenommen.

Zentraler Ausgangspunkt für die Frage nach dem Umgang des Landes Brandenburg mit dieser neuen Rechtslage sind die innerhalb ambitionierter Fristsetzungen umzusetzenden Flächenzielvorgaben des WindBG. Hiernach sind im Land Brandenburg bis zum 31. Dezember 2027 mindestens 1,8 Prozent der Landesfläche für die Windenergie auszuweisen und bis zum 31. Dezember 2032 mindestens 2,2 Prozent. Damit liegt Brandenburg neben Hessen, Thüringen, Sachsen-Anhalt und Niedersachsen in der Gruppe der Länder mit den höchsten Flächenbeitragswerten.

Rein faktisch betrachtet ist das Land Brandenburg - jedenfalls im bundesweiten Vergleich - beim Ausbau der Windenergie bereits verhältnismäßig gut aufgestellt. So war für das Jahr 2021 eine installierte Leistung von 7.865,8 MW (verteilt auf 3.956 Windenergieanlagen) und für das erste Halbjahr 2022 von sogar 8.034,7 MW (verteilt auf 3.993 Windenergieanlagen) zu verzeichnen, wie ein Blick in den jüngsten Bericht des

1 Windenergieflächenbedarfsgesetz vom 20. Juli 2022 (BGBl. I S. 1353), zuletzt geändert durch Artikel 13 des Gesetzes vom 22. März 2023 (BGBl. 2023 I Nr. 88).

2 Baugesetzbuch in der Fassung der Bekanntmachung vom 3. November 2017 (BGBl. I S. 3634), zuletzt geändert durch Artikel 2 des Gesetzes vom 4. Januar 2023 (BGBl. I 2023 Nr. 6).

EEG-Kooperationsausschusses verdeutlicht.[3] Dieser Befund darf jedoch nicht darüber hinwegtäuschen, dass auch hierzulande die Umsetzung der Flächenziele eine enorme Herausforderung darstellt, die allen beteiligten Akteuren erhebliche Anstrengungen abverlangen wird.

II Fachliche Bewertung des Gesetzes zur Erhöhung und Beschleunigung des Ausbaus von Windenergieanlagen an Land

Nicht umsonst hat sich das Land Brandenburg über das fachlich zuständige Ministerium für Infrastruktur und Landesplanung bereits frühzeitig im Gesetzgebungsverfahren für das Wind-an-Land-Gesetz eingebracht und im Rahmen der zur Verfügung stehenden Möglichkeiten durchaus kritisch geäußert.

So ist bereits der grundsätzliche Ansatz der Flächenziele als solcher zu hinterfragen. Die hiermit allein adressierte planerische Ausweisung von Flächen für die Windenergie bringt grundsätzlich wenig, wenn auf den betreffenden Flächen nicht auch tatsächlich Windenergieanlagen in nennenswertem Umfang errichtet werden. Eine tragfähige planungsrechtliche Grundlage ist selbstverständlich wesentliche Voraussetzung für die Verwirklichung von Windenergieprojekten, allerdings mitnichten die einzige. Im „worst case"- Szenario könnte es also dazu kommen, dass die Flächenziele des WindBG zwar in allen Bundesländern erreicht werden, die Bundesrepublik Deutschland der mit § 3 Absatz 2 Bundes-Klimaschutzgesetz (KSG)[4] selbstgesetzten übergreifenden Zielstellung einer Treibhausgasneutralität bis 2045 jedenfalls mit Blick auf die Energieerzeugung aus Windenergie jedoch nicht nennenswert näherkommt, weil die ausgewiesenen Flächen nicht mit entsprechenden Anlagen im erforderlichen Umfang belegt werden.

Abgesehen von den vorstehend dargestellten grundlegenden Erwägungen begegnet auch die rechtstechnische Umsetzung erheblichen fachlichen Bedenken. Die enorme Komplexität des auf verschiedene Gesetze verteilten Regelungskonstrukts, die in zahlreichen Querverweisen, Ausnahme und Rückausnahmen, Übergangsregelungen und Fristbestimmungen zum

3 Bericht des Bund-Länder-Kooperationsausschusses zum Stand des Ausbaus der erneuerbaren Energien sowie zu Flächen, Planungen und Genehmigung für die Windenergienutzung an Land - Berichtsjahr 2022, 26. Oktober 2022.

4 Bundes-Klimaschutzgesetz vom 12. Dezember 2019 (BGBl. I S. 2513), zuletzt geändert durch Artikel 1 des Gesetzes vom 18. August 2021 (BGBl. I S. 3905).

Ausdruck kommt, wirft erhebliche Zweifel an der Vollzugsfähigkeit auf. Die hiermit begründeten Auslegungsschwierigkeiten und Unsicherheiten lassen Rechtsstreitigkeiten auf Planungs- wie auch Vollzugsebene vorprogrammiert erscheinen. Im Ergebnis wird abzuwarten bleiben, wie schnell sich eine gesicherte Rechtsprechung und Literaturmeinung zu den einzelnen Fragestellungen bilden wird, um in Verbindung mit den maßgeblichen normativen Vorgaben des Wind-an-Land-Gesetzes eine rechtssichere Basis für den praktischen Vollzug durch Planungsträger und Behörden zu begründen.

Die einen rechtssicheren Vollzug in Frage stellende Ausgestaltung des Normgefüges wiederum lässt befürchten, dass der Windenergieausbau entgegen der eigentlichen Zielstellung - zumindest kurzfristig - nicht beschleunigt, sondern vielmehr sogar ausgebremst wird. So werden nicht nur die für die Umsetzung der Flächenziele verantwortlichen Planungsträger vor erhebliche Herausforderungen gestellt, sondern auch die für die Erteilung erforderlicher Zulassungen zuständigen Genehmigungsbehörden. Auch diesbezüglich wird sich zeigen müssen, wie sich der Ausbau der Windenergie in den kommenden Jahren tatsächlich entwickeln wird und ob die Flächenziele in der Lage sind, den insbesondere auf politischer Ebene in sie gesetzten hochgesteckten Ansprüchen gerecht zu werden.

III Bisheriges Steuerungsregime für die Windenergienutzung im Land Brandenburg

Ehe man sich mit der Frage auseinandersetzt, wie das Land Brandenburg im Einzelnen mit der verbindlichen und entsprechend umzusetzenden neuen Rechtslage umgeht, sollte ein Blick auf das bisherige Steuerungssystem für die Windenergienutzung im Land geworfen werden, um die Einordnung nunmehr getroffenen Entscheidungen zu erleichtern.

Im Grundsatz war und – so viel sei an dieser Stelle vorweggenommen – ist die Steuerung der Windenergienutzung in Brandenburg der Regionalplanung zugewiesen. So heißt es im Landesentwicklungsplan Hauptstadtregion Berlin-Brandenburg (LEP HR) als Anlage zur Verordnung vom 29. April 2019 (GVBl. II Nr. 35), dass Gebiete für die Windenergienutzung im Land Brandenburg in den Regionalplänen festzulegen sind (Z 8.2 LEP HR).

Mit dieser allgemeinen Bestimmung der Planungsebene ist allerdings noch keine Aussage über das konkret zum Einsatz kommende Steuerungsinstrument verbunden. Dieses wurde vielmehr mit der Richtlinie der Gemeinsamen Landesplanungsabteilung Berlin-Brandenburg für Regionalpläne vom 21. November 2019 (ABl./19, [Nr. 49], S. 1351) vorgegeben, die eine Steuerung über Eignungsgebiete vorsieht. Von wesentlicher Bedeutung für diese – seit rund 20 Jahren etablierte – Steuerung ist bereits ausweislich der Legaldefinition des § 7 Absatz 3 Satz 1 Nummer 3 Raumordnungsgesetz (ROG)[5] die außergebietliche Ausschlusswirkung im Sinne des Planvorbehalts in § 35 Absatz 3 Satz 3 BauGB. Hiernach stehen einer im planungsrechtlichen Außenbereich nach § 35 Absatz 1 Nummer 5 BauGB grundsätzlich privilegiert zulässigen Windenergienutzung öffentliche Belange auch dann entgegen, soweit hierfür durch Darstellungen im Flächennutzungsplan oder als Ziele der Raumordnung eine Ausweisung an anderer Stelle erfolgt ist. Gerade die auch eigentumsrechtlich relevante außergebietliche Ausschlusswirkung hat die höchstrichterliche Rechtsprechung dazu veranlasst, strenge Anforderungen an derartige Konzentrationszonenplanungen zu stellen (v.a. Abgrenzung harte und weiche Tabuzonen, Substanzgebot). Auf Ebene der Regionalplanung liegt eine an diesen Anforderungen zu messende Konzentrationszonenplanung insbesondere in der Festlegung von Eignungsgebieten. Auch hier erfolgt die Ausweisung von für die Windenergienutzung vorgesehenen Positivflächen verbunden mit der Zielstellung, den übrigen Planungsraum von (raumbedeutsamen) Windenergieanlagen freizuhalten.

Auf Basis der damit umrissenen Vorgaben haben alle fünf Regionalen Planungsgemeinschaften im Land Brandenburg (Prignitz-Oberhavel, Havelland-Fläming, Uckermark-Barnim, Oderland-Spree, Lausitz-Spreewald) entsprechende Planungen zur Windenergiesteuerung in Angriff genommen. Stellt man jedoch die Frage, in welchem Umfang hieraus in der Vergangenheit wirksame Flächenausweisungen resultierten, fällt der Befund ernüchternd aus. In einer Region mussten gerade die Flächenfestlegungen für die Windenergie von der Genehmigung durch die Landesplanungsbehörde ausgenommen werden. In den übrigen Regionen lagen

5 Raumordnungsgesetz vom 22. Dezember 2008 (BGBl. I S. 2986) in der Fassung der Änderungen durch Artikel 3 des Gesetzes vom 20. Juli 2022 (BGBl. I S. 1353). Mit dem zwischenzeitlich verkündeten Gesetz zur Änderung des Raumordnungsgesetzes und anderer Vorschriften (ROGÄndG) vom 22. März 2023 (BGBl. 2023 I Nr. 88) wird das ROG auch in Bezug auf die regionalplanerischen Steuerungsinstrumente Änderungen erfahren, die weitgehend am 28. September 2023 in Kraft treten werden.

zwar beschlossene und genehmigte sachliche Teilregionalpläne vor, die jedoch mittlerweile im Ergebnis entsprechender Normenkontrollverfahren vor dem Oberverwaltungsgericht Berlin-Brandenburg – aufgrund formeller Mängel – für unwirksam erklärt worden sind.

Im Einzelnen stellt sich dies wie folgt dar:

Abb. 1: Regionale Planungsgemeinschaften im Land Brandenburg.[6]

---

6 Gemeinsame Landesplanungsabteilung der Länder Berlin und Brandenburg in: Website der Gemeinsamen Landesplanungsabteilung Berlin-Brandenburg, 2011. Im Internet unter: https://gl.berlin-brandenburg.de/regionalplanung/regionalplaene/regionen/. Zugriff am 24.04.2023.

Prignitz-Oberhavel: Keine wirksamen Festlegungen zur Steuerung raumbedeutsamer Windenergieanlagen, da die betreffenden Ausweisungen im sachlichen Teilregionalplan „Freiraum und Windenergie" vom 21. November 2018 von der Genehmigung ausgenommen waren.
Havelland-Fläming: Unwirksamkeit Regionalplan „Havelland-Fläming 2020" vom 16. Dezember 2014 aufgrund gerichtlicher Entscheidung (OVG Berlin-Brandenburg, Urt. v. 05.07.2018 – OVG 2 A 2.16).
Uckermark-Barnim: Unwirksamkeit sachlicher Teilregionalplan „Windnutzung, Rohstoffsicherung und -gewinnung" vom 11. April 2016 aufgrund gerichtlicher Entscheidung (OVG Berlin-Brandenburg, Urt. v. 02.03.2021 – OVG 10 A 2.17 u.a.).
Oderland-Spree: Unwirksamkeit sachlicher Teilregionalplan „Windenergienutzung" vom 28. Mai 2018 aufgrund gerichtlicher Entscheidung (OVG Berlin-Brandenburg, Urt. v. 30.09.2021 – OVG 10 A 20.19 u.a.).
Lausitz-Spreewald: Unwirksamkeit sachlicher Teilregionalplan „Windenergienutzung" vom 17. Dezember 2015 aufgrund gerichtlicher Entscheidung (OVG Berlin-Brandenburg, Urt. v. 24.05.2019 – OVG 2 A 4.19 u.a.).

Im Ergebnis der beschriebenen Entwicklungen muss konstatiert werden, dass es auf Ebene der Regionalplanung im Land Brandenburg derzeit an einer wirksamen Steuerung der Windenergienutzung fehlt.

Um die erforderliche Neuaufstellung regionalplanerischer Festlegungen zur räumlichen Steuerung der Planung und Errichtung raumbedeutsamer Windenergieanlagen abzusichern, wurde mit § 2c Gesetz zur Regionalplanung und zur Braunkohlen- und Sanierungsplanung (RegBkPlG)[7] ein an bestimmte Voraussetzungen (v.a. öffentliche Bekanntmachung der Einleitung des Planungsverfahrens mit Planungsabsichten und voraussichtlichen Kriterien für ein schlüssiges gesamträumliches Planungskonzept) geknüpftes, befristetes Genehmigungsverbot für raumbedeutsame Windenergieanlagen in den betreffenden Regionen geschaffen. Hiervon konnten durch die Landesplanungsbehörde allerdings im Einzelfall auch Ausnahmen zulassen werden, sofern die betreffenden Windenergieanlagen im Einklang mit den in Aufstellung befindlichen Regionalplänen standen.

7 Gesetz zur Regionalplanung und zur Braunkohlen- und Sanierungsplanung in der Fassung der Bekanntmachung vom 8. Februar 2012 (GVBl. I/12, [Nr. 13]), zuletzt geändert durch Gesetz vom 23. Juni 2021 (GVBl. I/21, [Nr. 19]).

IV Umsetzung des Gesetzes zur Erhöhung und Beschleunigung des Ausbaus von Windenergieanlagen an Land in Brandenburg

Mit dem Wind-an-Land-Gesetz wurden nicht nur die Rahmenbedingungen für die Zulassung und planerische Steuerung von Windenergieanlagen grundlegend geändert, sondern den Bundesländern mit den Flächenzielvorgaben des WindBG zugleich konkrete Verpflichtungen auferlegt. Dies erfordert auch im Land Brandenburg ein (gesetzgeberisches) Tätigwerden in verschiedenen Bereichen.

1. Umsteuern der Regionalplanung

So bedurfte es zunächst eines Umsteuerns der Regionalplanung, da der bisher vorgesehenen Steuerung über Eignungsgebiete mit dem Wind-an-Land-Gesetz die Grundlage entzogen worden ist. Zentrale Zielstellung dessen war und ist, die bisherige Ausschlussplanung über § 35 Absatz 3 Satz 3 BauGB durch eine Positivplanung zu ersetzen. Dementsprechend wird in § 249 Absatz 1 BauGB ausdrücklich bestimmt, dass § 35 Absatz 3 Satz 3 BauGB auf der Erforschung, Entwicklung oder Nutzung der Windenergie dienende Vorhaben nach § 35 Absatz 1 Nummer 5 BauGB nicht anzuwenden ist, womit der bisherige Planvorbehalt in Bezug auf entsprechend privilegierte Vorhaben entfällt.

Um den neuen bundesrechtlichen Vorgaben Rechnung zu tragen, wurde die Richtlinie für Regionalpläne mit Erlass der Gemeinsamen Landesplanungsabteilung Berlin-Brandenburg vom 14. Dezember 2022 (ABl./22, [Nr. 51], S. 1015) dergestalt angepasst, dass anstelle der vormals vorgegebenen Eignungsgebiete nunmehr eine Steuerung über Vorranggebiete vorgesehen ist.

Parallel erfolgte eine (klarstellende) Aufhebung der nicht bereits infolge der vorgesehenen Befristung ausgelaufenen „Moratorien“ nach § 2c RegBkPlG, da auch deren Rechtfertigung entfallen ist. So kommt die hiermit abzusichernde Festlegung von Eignungsgebieten zum Erreichen der außergebietlichen Ausschlusswirkung des § 35 Absatz 3 Satz 3 BauGB angesichts der neuen bundesrechtlichen Vorgaben nicht mehr in Betracht.

2. Brandenburgisches Flächenzielgesetz

2.1 Gesetz zur Festlegung regionaler Teilflächenziele (Artikel 1)

Mit der beschriebenen Anpassung des regionalplanerisch maßgeblichen Steuerungsinstruments ist allerdings noch keine Aussage verbunden, auf welcher Ebene im Land Brandenburg eine Umsetzung der Flächenzielvorgaben des WindBG erfolgen soll.

Sofern die Flächenbeitragswerte nicht durch Flächenausweisung in landesweiten oder regionalen Raumordnungsplänen unmittelbar auf Landesebene erreicht (§ 3 Absatz 2 Satz 1 Nummer 1 WindGB), sondern auf eine andere Ebene heruntergebrochen werden sollen, verlangt der diese Möglichkeit ausdrücklich eröffnende § 3 Absatz 2 Satz 1 Nummer 2 WindBG die verbindliche Festlegung regionaler oder kommunaler Teilflächenziele durch Ziele der Raumordnung oder Landesgesetz.

Vor dem Hintergrund der bisherigen Verortung der Windenergiesteuerung auf regionaler Ebene lag es auf der Hand, auch die Umsetzung der Flächenzielvorgaben den Regionalen Planungsgemeinschaften zu übertragen. Dies gilt umso mehr, als eine Umsetzung unmittelbar auf Landesebene grundsätzlich ebenso wenig in Betracht kam, wie die Vorgabe kommunaler Teilflächenziele. Letzteres liegt bereits in der Struktur Brandenburgs als Flächenland begründet, das sich aus mehr als 400 Städten und Gemeinden zusammensetzt, was die landesseitige Festlegung kleinteiliger Teilflächenziele in entsprechender Zahl erfordert hätte.

In Anbetracht dessen sind mit dem Gesetz zur Festlegung regionaler Teilflächenziele als Kernbestandteil des Gesetzes zur Umsetzung des Windenergieflächenbedarfsgesetzes (Brandenburgisches Flächenzielgesetz - BbgFzG) vom 2. März 2023 (GVBl. I/23, [Nr. 3]) die Regionalen Planungsgemeinschaften des Landes Brandenburg verpflichtet worden, einen festgelegten Anteil der jeweiligen Regionsfläche innerhalb bestimmter Fristen für die Windenergienutzung auszuweisen. Die festgelegten regionalen Teilflächenziele greifen ebenso wie die vorgegebenen Fristen die Vorgaben des WindBG auf. In jeder der fünf Regionen sind mithin bis spätestens 31. Dezember 2027 Windenergiegebiete im Umfang von mindestens 1,8 Prozent der jeweiligen Regionsfläche auszuweisen, bis spätestens 31. Dezember 2032 von mindestens 2,2 Prozent.

Nicht zuletzt vor dem Hintergrund der bundesrechtlich ohnehin auch zeitlich höchst ambitionierten Vorgaben gestaltete sich das eigentliche Gesetzgebungsverfahren relativ schlank. Nach Einbringung des

Gesetzentwurfs im November 2022 (LT-Drs. 7/6658) und öffentlicher Anhörung im federführenden Ausschuss für Infrastruktur und Landesplanung (AIL) wurde das Gesetz auf Grundlage der Beschlussempfehlung des AIL (LT-Drs. 7/7235) in der Sitzung des Landtages am 22. Februar 2023 beschlossen. Das damit ermöglichte Inkrafttreten des Gesetzes am 3. März 2023 liegt weit vor Ablauf der für den Fall der Vorgabe regionaler oder kommunaler Teilflächenziele bundesrechtlich vorgesehenen Nachweisfrist des 31. Mai 2024.

2.2 Anpassung Brandenburgisches Windenergieanlagenabstandsgesetz (Artikel 2)

Flankiert wird das beschriebene Herunterbrechen des brandenburgischen Flächenbeitragswertes auf die regionale Ebene (Artikel 1 des BbgFzG) durch eine – bundesrechtlich zwingend vorgegebene – Anpassung landesrechtlicher Abstandsvorgaben (Artikel 2 des BbgFzG).

Mit dem Gesetz zur Regelung von Mindestabständen von Windenergieanlagen zu Wohngebäuden im Land Brandenburg (Brandenburgisches Windenergieanlagenabstandsgesetz - BbgWEAAbG) vom 20. Mai 2022 (GVBl. I/22, [Nr. 9]) war bereits frühzeitig von der den Ländern mit § 249 Absatz 3 BauGB a.F.[8] eingeräumten Möglichkeit Gebrauch gemacht worden, die Privilegierung der Windenergienutzung nach § 35 Absatz 1 Nummer 5 BauGB von der Einhaltung eines bestimmten Mindestabstandes zur Wohnbebauung abhängig zu machen. Danach findet der Privilegierungstatbestand im Land Brandenburg nur dann Anwendung, wenn das betreffende Windenergievorhaben einen Mindestabstand von 1.000 Metern zu zulässigerweise errichteten Wohngebäuden in Gebieten mit Bebauungsplänen (§ 30 BauGB) oder innerhalb im Zusammenhang bebauter Ortsteile (§ 34 BauGB) einhält (§ 1 Absatz 1 Satz 1 BbgWEAAbG).

Mit dem Wind-an-Land-Gesetz wurde die dem zugrundeliegende Ermächtigungsgrundlage allerdings nicht nur systematisch in § 249 Absatz 9 BauGB verschoben, sondern auch inhaltlich modifiziert. Landesrechtliche Abstandsvorgaben dürfen danach ausdrücklich nicht für Flächen in Windenergiegebieten gemäß § 2 Nummer 1 WindBG gelten, was im jeweiligen Landesgesetz zu regeln ist (§ 249 Absatz 9 Satz 5 BauGB). Dies soll gewähr-

8 § 249 Absatz 3 Baugesetzbuch in der Fassung der Bekanntmachung vom 3. November 2017 (BGBl. I S. 3634), geändert durch Artikel 2 des Gesetzes vom 8. August 2020 (BGBl. I S. 1728).

leisten, dass die planerisch ausgewiesenen Gebiete auch umfänglich für die Windenergienutzung zur Verfügung stehen. Auf Grundlage älterer Fassungen der Länderöffnungsklausel erlassenes Landesrecht, dass ausweislich § 249 Absatz 9 Satz 4 BauGB zunächst grundsätzlich fortgilt, ist bis zum 31. Mai 2023 entsprechend anzupassen (§ 249 Absatz 9 Satz 6 BauGB).

Diese modifizierten bundesrechtlichen Vorgaben wurden – vor Ablauf der gesetzten Frist – landesrechtlich durch Einfügen eines neuen § 1 Absatz 1 Satz 3 BbgWEAAbG dergestalt umgesetzt, dass der räumliche Anwendungsbereich der Abstandsvorgabe im Ergebnis auf Bereiche außerhalb ausgewiesener Windenergiegebiete im Sinne des § 2 Nummer 1 WindBG beschränkt wird.

3. Aktueller Stand der Regionalplanung

Die Bedeutung der beschriebenen normativen Vorgaben für die künftige Steuerung der Windenergienutzung in Brandenburg darf nicht unterschätzt werden, bieten sie doch nicht zuletzt den hiermit adressierten Regionalen Planungsgemeinschaften eine klare und rechtssichere Grundlage für die Umsetzung der Flächenzielvorgaben des WindBG. Weit wichtiger für die eigentliche Zielerreichung ist jedoch die hierauf aufbauende tatsächliche Ausweisung von Windenergiegebieten in entsprechenden (Teil-) Regionalplänen.

In sämtlichen Regionen sind bereits erste Schritte zur Umsetzung der landesseitig festgelegten regionalen Teilflächenziele zu verzeichnen, sei es in Gestalt von Aufstellungsbeschlüssen oder – im Fall bereits laufender Planverfahren – in Gestalt von Beschlüssen zum Wechsel des bisher zugrundeliegenden Planungsinstruments (Vorrang- statt Eignungsgebiete). Auch wenn konkrete, die verschiedentlich in Rechnung zu stellenden neuen Rahmenbedingungen umsetzende Planentwürfe noch nicht vorliegen, ist grundsätzlich in allen Regionen ein Beginn der Beteiligungsverfahren im Zeitraum von Mitte 2023 bis Anfang 2024 avisiert. Wann auf dieser Grundlage indes Satzungsbeschlüsse möglich sind, hängt wesentlich von Verlauf und Ergebnissen der Beteiligungsverfahren ab und lässt sich derzeit kaum tragfähig abschätzen. Mit dem Vorliegen wirksamer regionalplanerischer Festlegungen zur Steuerung der Windenergienutzung im Land Brandenburg ist jedoch angesichts der enormen Komplexität erforderlicher Planungsverfahren und zahlreicher offener Fragen nicht vor 2024 zu rechnen.

Praxisbericht aus Nordrhein-Westfalen

Von Dagmar Lamberth

I. Einführung

Die Landesregierung Nordrhein-Westfalen forciert den Ausbau der Erneuerbaren Energien, um die Energieversorgung unabhängiger, bezahlbar und nachhaltig zu gestalten. Sie hat sich in der zweiten Hälfte des Jahres 2022 in einem ersten Schritt auf Eckpunkte zur notwendigen Änderung des Landesentwicklungsplans verständigt. Der Ausbau der Erneuerbaren Energien soll im Einklang mit den schutzwürdigen Interessen der Bevölkerung und der Umwelt erfolgen. Konkret geht es um die Umsetzung des im Wind-an-Land-Gesetz[1] vom Bund vorgegebenen Ziels 2% der Bundesfläche bis zum Jahr 2032 für Windenergie zu sichern. Die Flächen für die Windenergie sollen in den Regionalplänen ausgewiesen und gerecht auf die verschiedenen Regionen in Nordrhein-Westfalen verteilt werden. Das Land will das Flächenziel deutlich vor der im Bundesgesetz vorgesehenen Frist erreichen.

II. Ausgangslage

1. Anforderungen aus dem WindBG

Mit dem Windenergieflächenbedarfsgesetz (WindBG)[2] hat der Bundesgesetzgeber den Ländern verbindliche Flächenziele (Flächenbeitragswerte) für die Ausweisung von Flächen für die Windenergie vorgegeben. Das Land Nordrhein-Westfalen muss

1 Gesetz zur Erhöhung und Beschleunigung des Ausbaus von Windenergieanlagen an Land in der Fassung vom 20.07.2000 (BGBl. I S. 1353).

2 Windenergieflächenbedarfsgesetz in der Fassung vom 20. Juli 2022 (BGBl. I S. 1353), zuletzt geändert durch Artikel 13 des Gesetzes vom 22. März 2023 (BGBl. 2023 I Nr. 88).

- 1,1 Prozent der Landesfläche bis zum 31.12.2027 und
- 1,8 Prozent der Landesfläche bis zum 31.12.2032

für die Windenergie ausweisen. 1,8 Prozent der Landesfläche entsprechen rund 61.500 Hektar.

2. Planungsregionen in Nordrhein-Westfalen

In Nordrhein-Westfalen gibt es nach § 6 Landesplanungsgesetz Nordrhein-Westfalen[3] (LPlG NRW) sechs Regionale Planungsträger: die fünf Regionalräte in den fünf Regierungsbezirken Arnsberg, Detmold, Düsseldorf, Köln und Münster, außerdem die Verbandsversammlung des Regionalverbandes Rhein-Ruhr (RVR). Regionalplanungsbehörden sind gemäß § 4 LPlG NRW die Bezirksregierungen Detmold und Köln für ihren Regierungsbezirk, die Regionaldirektion des RVR als staatliche Behörde für das Verbandsgebiet des RVR sowie die Bezirksregierungen Arnsberg, Düsseldorf und Münster für ihren Regierungsbezirk außerhalb des Verbandsgebietes des RVR.

3. Bisherige Steuerung von Windenergieanlagen in Nordrhein-Westfalen

In Nordrhein-Westfalen werden Windenergieanlagen traditionell auf Ebene der kommunalen Bauleitplanung gesteuert. Mehr als zwei Drittel der Gemeinden haben Konzentrationszonen für die Windenergie nach § 35 Abs. 3 Satz 3 BauGB ausgewiesen. Den Anforderungen, die die Rechtsprechung im Laufe der Jahre an die Ausweisung von Konzentrationszonen gestellt hat, konnten nicht alle kommunalen Planungen Stand halten. Insbesondere in windhöffigen Bereichen wurden Konzentrationszonen entweder im Rahmen von Normenkontrollverfahren oder im Rahmen von Inzidentkontrollen für unwirksam erklärt.

Seit einigen Jahren gibt es in zwei Planungsregionen Vorranggebiete:

Im Regionalplan Düsseldorf sind Flächen für die Windenergienutzung festgelegt. Dies sind zum einen „Windenergiebereiche“ (WEB) als Vorranggebiete ohne die außergebietliche Ausschlusswirkung von Eignungsgebieten und zum anderen „Windenergievorbehaltsbereiche“ (WEVB). Die

---

3 Landesplanungsgesetz Nordrhein-Westfalen in der Fassung vom 11.02.2001 (GV. NRW. S. 50), zuletzt geändert durch Gesetz vom 03.02.2004 (GV. NRW. S. 96).

WEB stellen bindende Ziele der Raumordnung, die WEVB der Abwägung zugängliche Grundsätze der Raumordnung dar. Auch im Regionalplan Münsterland sind Vorranggebiete ohne Ausschlusswirkung für die Windenergie ausgewiesen. Im Regionalplan Detmold sind textliche Ziele für die Nutzung der Windenergie festgelegt. Die übrigen Regionalen Planungsträger haben bisher keine Flächen für Windenergie in ihren Regionalplänen festgelegt.

III. Geplante Umsetzung des Wind-an-Land-Gesetzes in Nordrhein-Westfalen

Die Landesregierung hat beschlossen, dass zur Erreichung der Flächenbeitragswerte von 1,8 Prozent der Landesfläche textliche Festlegungen im Landesentwicklungsplan (LEP) getroffen werden und darauf aufbauende zeichnerische Festlegungen in den Regionalplänen erfolgen. Es werden Teilflächenziele für alle Planungsregionen festgelegt. Notwendig sind also einerseits die Änderung des Landesentwicklungsplans für die Planungsregionen und andererseits Regionalplanänderungen zur Ausweisung von Vorranggebieten für die Windenergie.

Zur Vorbereitung der Änderung des LEP wurde das Landesamt für Natur, Umwelt und Verbraucherschutz (LANUV) beauftragt, die Flächenpotentiale zur Windenergienutzung zu untersuchen und auch in den sechs Planungsregionen zu ermitteln. Diese Flächenanalyse soll als fachliche Grundlage für die gerechte Verteilung der geeigneten Windflächen auf die sechs Planungsregionen des Landes dienen.

Grundlage der Windflächenanalyse des LANUV ist ein umfangreicher Kriterienkatalog, der zur Verfügung stehende Flächen im Land präzisiert und Ausschlussflächen definiert. Ausgenommen sind etwa Siedlungsbereiche und die direkte Umgebung von Einzelwohnhäusern im Freiraum mit Abständen von 700 Metern (Innenbereich) und 500 Metern (Außenbereich). Auch werden Bereiche mit großer Hangneigung oder schlechten Windverhältnissen, die einen wirtschaftlichen Betrieb von Windenergieanlagen nicht erwarten lassen, ausgeschlossen. Ausgeschlossen werden auch sehr kleine Bereiche mit einer Fläche von weniger als 2 Hektar. Außerdem wurde eine Obergrenze des Flächenpotentials von 15% der Gemeindefläche angesetzt, um eine gerechte Verteilung zu gewährleisten und um Befürchtungen von Gemeinden, es könne zu einer Umzingelung von Ortslagen kommen, Rechnung zu tragen. In Anspruch genommen werden können aus den Regionalplänen auch Gewerbe- und Industriegebiete (GIB) und nicht fachrechtlich ausgeschlossene Bereiche zum Schutz der Natur (BSN). Insgesamt stellt das LANUV in seiner Analyse ein landesweites Gesamtpotenzial der Flächen für die Windenergienutzung von 126.249 Hektar beziehungsweise 3,7 Prozent der Landesfläche fest.[4]

Die größten Anteile am landesweiten Gesamtpotential weisen die Planungsregionen Arnsberg, Köln, Detmold und Münster auf. Deutliche geringere Flächenpotentiale wurden in der Planungsregion Düsseldorf und im Bereich des RVR festgestellt.

Für eine Verteilung auf die Planungsregionen sind zwei Aspekte leitend: Zum einen soll keine Planungsregion mehr als 75 Prozent ihrer Potenzialflächen für die Windenergie zur Verfügung stellen müssen. Zum anderen soll nicht mehr als die bundesseitig vorgesehene Obergrenze von 2,2 Prozent der Gesamtfläche einer Planungsregion für die Windenergie vorgehalten werden müssen.

Im Ergebnis soll für die Planungsregionen Arnsberg, Detmold, Köln und Münster ein Teilflächenziel von 2,13 Prozent der regionalen Gesamtfläche (Planungsregion Arnsberg 13.186 Hektar, Detmold 13.888 Hektar, Köln 15.682 Hektar, Münster 12.670 Hektar) festgelegt werden. Aufgrund der hohen Siedlungsdichte und des geringeren Flächenpotentials werden als Teilflächenziele für die Planungsregion Düsseldorf 1,14 Prozent (4.151 Hektar) und für die Planungsregion des RVR 0,46 Prozent (2.036 Hektar) avisiert.[5] Der Beschluss der Landesregierung über die Einleitung der Offenlage zur Änderung des LEP bleibt abzuwarten. Das Inkrafttreten der Änderung soll so erfolgen, dass der Bund rechtzeitig bis zum 31. Mai 2024 über das Inkrafttreten gemäß § 3 Abs. 3 Nummer 2 WindBG unterrichtet werden kann.

Die auf der Änderung des LEP aufbauende Ausweisung von Vorranggebieten in den Regionalplänen soll schnellstmöglich erfolgen und wird pa-

4 Landesamt für Natur, Umwelt und Verbraucherschutz Nordrhein-Westfalen (Hrsg.), Flächenanalyse Windenergie NRW – Zwischenbericht, im Internet unter https://www.lanuv.nrw.de/publikationen/infoblaetter-und-broschueren?tx_cartproducts_products%5Bproduct%5D=1361&cHash=84b9940ed8d629cf778bcc6a244241c8, Zugriff am 01.05.2023.

5 Ministerium für Wirtschaft, Industrie, Klimaschutz und Energie des Landes Nordrhein-Westfahle (Hrsg.), Nordrhein-Westfalen will bereits 2025 insgesamt 1,8 Prozent der Landesfläche für Windenergie ausweisen, im Internet unter https://www.wirtschaft.nrw/nordrhein-westfalen-will-bereits-2025-insgesamt-18-prozent-der-landesflaeche-fuer-windenergie, Zugriff am 01.05.2023.

rallel zur Änderung des LEP vorbereitet. Die räumlichen Flächenfestlegungen in den Regionalplänen werden geeignete kommunale Flächenplanungen und vorhandene Standorte von Windenergieanlagen berücksichtigen. Letztlich wird das Erreichen des jeweiligen (Teil-)Flächenbeitragswertes durch den jeweiligen Träger der Regionalplanung festgestellt. Die Landesregierung will die Flächenbeitragswerte bereits im Jahr 2025 erreichen.

Kommunale (Positiv-)Planungen außerhalb der regionalplanerisch festgelegten Windenergiegebiete bleiben weiterhin möglich.

IV. Landesgesetzlicher Mindestabstand

Der Landtag Nordrhein-Westfalen hatte im Jahr 2021 von der damaligen Ermächtigungsgrundlage in § 249 Abs. 3 BauGB a.F. Gebrauch gemacht und einen Abstand von 1.000 m zwischen nach § 35 Abs. 1 Nr. 5 BauGB privilegierten Windenergieanlagen und bestimmten Wohnbebauungen eingeführt (§ 2 Gesetz zur Ausführung des Baugesetzbuchs in Nordrhein-Westfalen (BauGB-AG NRW[6])). § 249 Abs. 9 BauGB gibt vor, dass die alten Abstandsgesetze bestehen bleiben können, aber bis zum 31. Mai 2023 geregelt werden muss, dass der Abstand nicht in Windenergiegebieten gemäß § 2 WindBG gilt. Die Änderung des BauGB-AG NRW zur Harmonisierung mit den neuen bundesgesetzlichen Regelungen ist am 31. März 2023 in Kraft getreten. Der landesgesetzliche Mindestabstand ist auf Windenergiegebiete nicht mehr anwendbar. Auch für das Repowering von Anlagen nach § 16 b Bundesimmissionsschutzgesetz[7] gilt der Mindestabstand seither nicht mehr.

V. Fazit

Der Ausbau der Windenergie ist ein zentrales Instrument, um die eingeläutete Energiewende und eine unabhängigere Energieversorgung zu

---

6 Gesetz zur Ausführung des Baugesetzbuches in Nordrhein-Westfalen (BauGB-AG NRW) in der Fassung vom 03.02.2015 (GV. NRW. S. 891), zuletzt geändert durch Gesetz vom 14.03.2023 (GV. NRW. S. 176).

7 Gesetz zum Schutz vor schädlichen Umwelteinwirkungen durch Luftverunreinigungen, Geräusche, Erschütterungen und ähnliche Vorgänge (Bundes-Immissionsschutzgesetz - BImSchG) in der Fassung vom 17.05.2013 (BGBl. I S. 2021), zuletzt geändert durch Artikel 2 Absatz 3 des Gesetzes vom 19.10.2022 (GVBl. I S. 1792).

realisieren. Das Wind-an-Land-Gesetze des Bundes eröffnet hierfür neue Chancen. Um eine höchstmögliche Akzeptanz in der Bevölkerung für den Ausbau der Windenergie zu sichern, werden die Planungsträger bei den durchzuführenden Planungsprozessen, bei denen auch die weiteren Erfordernisse der Raumplanung, sei es bspw. die Siedlungsentwicklung oder der Abbau von Bodenschätzen, Berücksichtigung finden müssen, eine intensive Kommunikation mit der kommunalen Ebene führen. Der enge Zeitrahmen, den das Wind-an-Land-Gesetz und die Ziele der Landesregierung setzen, erfordert schnellstmögliches Handeln der zuständigen Planungsträger.

Umgang mit bestehenden Raumordnungs- und Bauleitplänen - Wie sich Bestandsplänen in die neue Planungssystematik für Windenergievorhaben einfügen

Von Marianna Roscher

Die neue eingeführte Planungssystematik für die Windenergie an Land birgt sowohl für die Neuplanung bei der Flächenbereitstellung als auch für bestehende Regional- und Bauleitpläne umfassende Änderungen. Dabei sind insbesondere die Übergangsfristen des § 245e und des § 249 BauGB[1] maßgeblich, welche seit dem 1. Februar 2023 gelten. Beide Vorschriften gestalten den perspektivischen Rahmen für bestehende Windenergieplanungen.

In Ansehung der bis heute geschaffenen Vielzahl an Windenergieplanungen ist dieser Vorschrift eine hohe praktische Relevanz zu attestieren. Trotz des schleppenden Windenergieausbaus der letzten Jahre sind nach aktuellen Zahlen deutschlandweit 58 Gigawatt Windenergie installierte Leistung vorhanden, welche zu einem Großteil durch planerische Ausweisungen hinterlegt sind.[2] Diese Planungen sind langfristig in die neue Systematik zu integrieren.

Von besonderem Interesse sind dabei die Geltungsdauer, der Umfang sowie die Fortgeltung der Positivausweisungen, sofern hiermit die Erreichung der Flächenbeitragswerte nach dem Gesetz zur Festlegung von Flächenbedarfen für Windenergieanlagen an Land (WindBG)[3] erzielt werden soll. Unter welchen Prämissen sich damit bestehende oder im Entstehen befindliche Pläne in Zukunft entwickeln werden und welche Fragen und Bedarfe hierbei entstehen, wird im Folgenden näher beleuchtet.

1 Baugesetzbuch in der Fassung der Bekanntmachung vom 3. November 2017 (BGBl. I S. 3634), zuletzt geändert durch Artikel 2 des Gesetzes vom 4. Januar 2023 (BGBl. 2023 I Nr. 6).

2 Umfassend zum Stand der planerischen Ausweisungen: Bericht des Bund-Länder-Kooperationsausschusses zum Stand des Ausbaus der erneuerbaren Energien sowie zu Flächen, Planungen und Genehmigungen für die Windenergienutzung an Land, Berichtsjahr 2022, S. 20 ff.

3 Windenergieflächenbedarfsgesetz – Artikel 1 G. v. 20.07.2022 BGBl. I S. 1353 (Nr. 28); zuletzt geändert durch Artikel 5 des Gesetzes vom 4. Januar 2023 (BGBl. 2023 I Nr. 6).

I Gesetzeszweck und Entstehung der Neuregelungen

Zentrale Vorschrift für den Umgang mit Bestandsplänen ist § 245e BauGB. Geschaffen wurde die Vorschrift mit der Intention, den Übergangszeitraum für die Einführung der novellierten Planungssystematik suffizient zu gestalten. Die Bestandsplanung für Windenergiegebiete und insbesondere ihre Steuerungswirkung stehen dabei im Fokus.[4]

Die bisherige Rechtsprechung zur Konzentrationszonenplanung nach § 35 Abs. 3 Satz 3 BauGB hat den für Planung zuständigen Behörden ein umfassendes Planungskonzept nach spezifischen Kriterien abverlangt.[5] Darunter hat nicht nur die Rechtssicherheit vieler Pläne gelitten,[6] sondern es hat zugleich Personal- und Sachmittel in großem Umfang gebunden. Dies hat sich auch im Zeithorizont vieler Regional- und Bauleitpläne deutlich niedergeschlagen. So beträgt die durchschnittliche Dauer eines Regionalplanungsverfahrens im Bereich der Windenergie bislang rund 5,3 Jahre.[7] Die Einführung der neuen Planungssystematik soll dies ändern und entsprechende Verfahren beschleunigen, um die Flächenverfügbarkeit der Windenergie an Land insgesamt zu steigern.[8] Es ist geplant auf diesem Weg bis 2030 Flächen für einen Windenergieausbau von insgesamt 115 GW bereitzustellen. Damit wird nahezu eine Verdoppelung der bisher rund 56 GW angestrebt.[9]

Während § 249 BauGB insofern neu ausgerichtet wurde, um Planungsverfahren einfacher zu gestalten, bezieht § 245e BauGB nach seiner Grundausrichtung das Fortbestehen der, bislang größtenteils nach dem Prinzip der Konzentrationszonenplanung erstellten, Bestandsplanung mit ein. Davon umfasst ist ebenfalls die Einbeziehung bisheriger Ausweisungen zugunsten von Windenergievorhaben und auch ihre Anrechenbarkeit im Kontext der Flächenbeitragswerte i.S.d. §§ 2, 4 WindBG.[10] Zugleich werden weitere Differenzierungen im Hinblick auf die Ausschlusswirkung der Planung, auf Planentwürfe sowie den Umgang mit Repoweringvorhaben

4 BT-Drs. 20/2355 S. 31.

5 Siehe hierzu: BVerwG, Urt. v. 20.5.2010 – 4 C 7/09, NVwZ, 2010, 1561 (1562 ff.); BVerwG, Urt. v. 13. 12. 2012 – 4 CN 11 4 CN 1/1, NVwZ 2013, 519 (520 ff.).

6 Zur Rechtsprechung nach der alten Rechtslage: Schlacke/Wentzien/Römling, NVwZ 2022, 1577 (1582); Raschke, Roscher ZfBR 2022, 531 (531 f.).

7 Vgl. Sachverständigenrat für Umweltfragen, Klimaschutz braucht Rückenwind: Für einen konsequenten Ausbau der Windenergie an Land, 2022, S. 46.

8 Vgl. BT-Drs. 20/2355 S. 1.

9 Siehe hierzu den Ausbaupfad nach § 4 Nr. 1d EEG 2023.

10 Vgl. BT-Drs. 20/2355 S. 31 f.

adressiert. Dies zusammen bildet für die einzelne Bestandspläne ein vielgestaltiges und differenziertes Bild.

II Anwendungsbereich des § 245e

Nach § 245e Abs. 1 BauGB bleibt im Grundsatz die Rechtswirkung eines Raumordnungs- oder Flächennutzungsplans, der nach Maßgabe des § 35 Abs. 3 Satz 3 BauGB privilegierte Windenergievorhaben (§ 35 Abs. 1 Nr. 5 BauGB) räumlich steuert, grundsätzlich erhalten. Dies gilt sowohl für bereits erlassene Pläne als auch für solche, die bis zum 1. Februar 2024 wirksam geworden sind, § 245e Abs. 1 Satz 2 BauGB.

In Kohärenz zum Anwendungsbereich des § 35 Abs. 3 Satz 3 BauGB, werden hierbei Raumordnungs- sowie Flächennutzungspläne adressiert. Dieser hatte bis zum 31. Januar 2023 für beide Plan-Kategorien die Möglichkeit der Windenergiesteuerung über sog. Konzentrationszonenplanung eröffnet.[11]

1. Erhalt von Bestandsplänen

Mit der Regelung des § 245e Abs. 1 Satz 1 BauGB bleiben wirksame, gerichtlich nicht aufgehobene Flächennutzungs- und Raumordnungspläne vorerst als gesamte Plankonzeption bestehen. Danach sind Windenergievorhaben auch weiterhin ausschließlich in den positiv ausgewiesenen Flächen baurechtlich zulässig. Im weiteren Planungsraum dürfen sie hingegen nicht errichtet werden, da die Privilegierung (§ 35 Abs. 1 Nr. 5 BauGB) nach § 35 Abs. 3 Satz 3 BauGB dort beschränkt ist.[12] Die hiermit einhergehende Steuerungswirkung bleibt für bestehende Planungen insofern vorerst erhalten.

Im Hinblick auf die Regionalplanung ist beachtenswert, dass sich die hiermit vorerst aufrechterhaltene Ausschlusswirkung des Plans (§ 35 Abs. 3 Satz 3 BauGB) nur auf raumbedeutsame Vorhaben bezieht. In Ansehung der heutigen Anlagendimensionen wird dies jedoch voraussichtlich die Mehrzahl zukünftig planerisch avisierten Windenergievorhaben adressieren.

---

11 Vgl. BT-Drs. 20/2355 S. 32.

12 In der Gesamtschau hierzu: Söfker in: Ernst/Zinkahn/Bielenberg/Krautzberger, Baugesetzbuch 147. EL 2022 § 35 Rn. 128 ff.; Mitschang/Reidt in: Battis/Krautzberger/Löhr, Baugesetzbuch 15. Aufl. 2022 § 35 Rn. 114 ff.

2. Erhalt von Plänen, die bis zum 1. Februar 2024 wirksam geworden sind

Auch aktuell in Aufstellung befindliche Pläne sind im Kontext des § 245e Abs. 1 Satz 1 BauGB mitbedacht worden. Dementsprechend fallen nicht nur Bestandspläne unter den Anwendungsbereich der Vorschrift, sondern auch solche, die bis zum 1. Februar 2024 wirksam geworden sind. Durch diese Überleitungsvorschrift werden Pläne in ihrer Aufstellung mit der Bestandsplanung gleichgesetzt.[13] Es ist davon auszugehen, dass diese Regelung damit wohl vor allem die langen Umsetzungsspielräume für die Windenergieplanung nach der alten Rechtssystematik reflektiert. Begonnene Planung findet damit nicht bereits ab dem 1. Februar 2023 einen Abbruch, sondern kann aufgrund der nun vorgesehenen „Verlängerung" voraussichtlich abgeschlossen werden.

Die Übergangsvorschrift des § 245e BauGB adressiert bestehende und begonnene Planungen, sodass diese für das Zwischenziel des Flächenbeitragswertes bis Ende 2027 mitberücksichtig werden können (§ 3 Abs. 1 i.V.m. Anlage 1 Spalte 1 WindBG).[14]

3. Umgang mit weiteren windenergierelevanten Plänen

Der Anwendungsbereich des § 245e Abs. 1 WindBG bezieht sich jedoch nicht auf alle windenergierelevanten Flächenausweisungen.

Von § 245e Abs. 1 Satz 1 BauGB unberührt bleiben Pläne, die ausschließlich positive Flächenausweisungen,[15] bspw. in Form von Vorranggebieten, enthalten, denn ihnen fehlt die Rechtswirkung des § 35 Abs. 3 Satz 3 BauGB. Damit sind sie auch über den 31.12.2027 hinaus wirksam.

Auch unberührt von § 245e Abs. 1 BauGB bleiben kommunale Bebauungspläne für Windenergievorhaben. Ihnen fehlt die Eignung zur Steuerung im Sinne einer Ausschlussplanung i.S.d § 35 Abs. 3 Satz 3 BauGB. Als Planungsinstrument befassen sie sich vor allem mit konkreten Aspekten der städtebaulichen Gestaltung; so bspw. im Hinblick auf die Festsetzung einer

13 Vgl. BT-Drs. 20/2355 S. 31.
14 Vgl. BT-Drs. 20/2355 S. 24, 31.
15 Vgl. VGH Mannheim, Urt. v. 19.11.2020 – 5 S 1107/18, Rn 4 ff.

Grundflächenzahl bei der positiven Ausweisung von Vorranggebieten für die Windenergienutzung.[16]

§ 245e Abs. 1 Satz 1 BauGB ist zudem nicht auf sog. „weiße Flächen" anwendbar. Diese Flächen zeichnen sich dadurch aus, dass der jeweilige Regionalplanungsgeber ausdrücklich keine Regelung über die besondere Eignung eines Gebiets oder auch den Ausschluss auf dieser Fläche treffen wollte. Insofern sind Windenergievorhaben weder nach der neuen noch nach der alten Planungssystematik ausgeschlossen bzw. hervorgehoben und damit weiterhin privilegiert im Außenbereich zulässig.[17]

III Rechtsfolge des § 245e BauGB – Befristeter sowie bedingter Planerhalt

Der Erhalt der bisherigen Bestandsplanung soll jedoch nicht unbegrenzt gelten. Vielmehr sieht der Gesetzgeber gemäß § 245e Abs. 1 Satz 2 BauGB dessen zeitliche und sachliche Befristung vor. Diese Befristung bezieht sich laut Wortlaut der Norm vorrangig auf die Ausschlusswirkung des jeweiligen Plans, die Fortgeltung der weiteren Planung ist keiner abschließenden Klärung zugeführt worden. Dies kann jedoch insbesondere mit Blick auf den Erhalt der Positivausweisungen und der damit verbundenen baurechtlichen Befugnisse von Interesse sein.

1. Entfallen der Planregelung im Hinblick auf die Ausschlusswirkung

Im Hinblick auf ihre Ausschlusswirkung (§ 35 Abs. 3 Satz 3 BauGB) trifft der Gesetzgeber mit § 245e Abs. 1 Satz 2 BauGB die ausdrückliche Regelung, dass diese bis zum 31. Dezember 2027 fort gilt. Die Regelung fällt dabei mit der generellen Umsetzungsfrist (§ 3 Abs. 1 WindBG) für den Flächenbeitragswert nach Anlage 1 Spalte 1 zusammen.[18] Das dort verankerte Teilziel bildet den ersten Schritt für das schrittweise Erreichung der Ziele nach den unterschiedlichen länderspezifischen Planungssystematiken und damit auch der Ausbaumengen nach dem EEG 2023.[19] Auch

---

16 Vgl. VGH Mannheim, Urt. v. 24.11.2005 - 8 S 794/05, ZfBR 2006, 469 (471 ff.); BVerwG, Urt. v. 21.10.2004 – 4 C 3/04, NVwZ 2005, 208 (209 f.).

17 Vgl. BVerwG, Beschl. v. 28.11.2005 - 4 B 66.05, ZUR 2006, 142 (142 f.); OVG Bln. Bbg Urt. v. 9.4.2008 – OVG 2 A 4.07, Rn 28 ff.

18 Vgl. BT-Drs. 20/2355 S. 25, 31.

19 Vgl. BT-Drs. 20/2355 S. 29f.

korrespondiert die Überleitungsvorschrift mit der Vorschrift zur Anrechnung von Eignungs- und Vorbehaltsgebieten in § 2 Nr. 1 b) WindBG. Aufgrund ihres unterschiedlichen Verbindlichkeitsgrads kommt Vorbehalts- und Eignungsgebieten (§ 7 Abs. 3 Nr. 2, 3 ROG) eine grundsätzlich geringere Wirkung zu als Vorranggebieten (§ 7 Abs. 3 Nr. 1 ROG).[20] Während in Vorbehaltsgebieten eine konkrete Nutzung als Belang in der Abwägung zwar gestärkt wird, gehen die Ausweisungen von Vorranggebieten deutlich weiter, denn zugunsten der bevorzugten Nutzung werden entgegenstehende andere Nutzungsformen explizit ausgeschlossen.[21] Trotz der geringeren Verbindlichkeit sind diese Gebiete temporär anrechenbar.

Die Wirkung des Plans nach § 35 Abs. 3 Satz 3 BauGB entfällt darüber hinaus ebenfalls, sofern die Erreichung des (Teil-)Flächenziels verbindlich nach § 5 Abs. 1, 2 WindBG festgestellt wurde. Dies erscheint denklogisch, denn in dieser Situation tritt die Wirkung des § 249 Abs. 2 BauGB i.V.m. § 5 WindBG ein. Nach der Gesetzessystematik sind Windenergievorhaben mit Erreichen des Flächenziels wie sonstige Vorhaben i.S.d. § 35 Abs. 2 BauGB zu beurteilen. Als sonstige Vorhaben können sie nur im Einzelfall zugelassen werden, sofern öffentliche Belange (§ 35 Abs. 3 BauGB) nicht beeinträchtigt werden. [22] Damit führt jede hinreichend konkrete Beeinträchtigung öffentlicher Belange zur Unzulässigkeit des Windenergievorhabens. Insbesondere eine Abwägungsentscheidung i.S.d. § 1 Abs. 7 BauGB findet in diesem Kontext nicht mehr statt.[23] Für Windenergieanlagen bedeutet dies in der praktischen Konsequenz, dass sie in den seltensten Fällen planungsrechtlich zulässig sein werden. Für das Fortbestehen der gesetzlichen Ausschlusswirkung besteht auf Basis dieser Erwägungen kein Bedürfnis mehr und die bestehende Planung wird damit in die neue Planungssystematik eingegliedert.[24]

---

20 Vgl. BT-Drs. 20/2355 S. 24, 31.

21 Vgl. Goppel in: Spannowsky/Runkel/Goppel, Raumordnungsgesetz, 2. Aufl. 2018 Rn. 62 ff.

22 Vgl. BT-Drs. 20/2355 S. 29 f.

23 Vgl. BVerwG, Urt. v. 3.5.1974 – 4 C 10.71, Rn. 22; Söfker in: Ernst/Zinkahn/Bielenberg/Krautzberger, Baugesetzbuch 147. EL 2022, Rn. 76.

24 Vgl. Kment, NVwZ 2022, 1153 (1159).

2. Erhalt des Plans im Übrigen

Im Übrigen soll der Plan weiter fortbestehen, sofern die Grundzüge der Planung im Einzelfall nicht berührt sind, § 245e Abs. 1 Satz 3 BauGB. Die Gesetzesbegründung konkretisiert diese Vorgabe dahingehend, dass davon die Planungsinhalte umfasst sein sollen, welche die Windenergie nicht betreffen und auch solche, die positive Ausweisungen für die Windenergie treffen.[25] Damit ist es vom Grundsatz her möglich, dass Bestandspläne im Hinblick ihre Regelungsinhalte über den 31. Dezember 2027 hinaus erhalten bleiben.

2.1 Rechtsprechung zu den Grundzügen der Planung im Kontext der Bauleitplanung

Inwiefern die Grundzüge der Planung berührt sind, wird bereits im Kontext des vereinfachten Verfahrens (§ 13 BauGB), bei Beteiligungsverfahren (§ 4a BauGB) bei Befreiungen und Ausnahmen (§ 31 BauGB) und der Bindung (§ 125 BauGB) an den Bebauungsplan sowie bei Abweichungen von Zielen der Raumordnung (§ 6 ROG) adressiert.

Es erscheint jedoch fraglich, die dazu bestehende Rechtsprechung hier zur Spezifikation herzuziehen. Insbesondere die Vergleichbarkeit der gesetzgeberischen Zielsetzung scheint hier zu fehlen. Maßgebliche Prämisse im Kontext der genannten Regelungen ist, dass das der Planung zu Grunde liegende Leitbild unverändert bleibt.[26] Abweichungen sind mit den planerischen Festsetzungen vereinbar, wenn die angestrebte, im Plan zum Ausdruck gebrachte städtebauliche Konzeption, nicht in beachtlicher Weise beeinträchtigt wird. Damit muss die Abweichung sich in dem Bereich bewegen, den der Planer im konkreten Einzelfall gewollt hätte, wenn er den Grund für die Abweichung gekannt hätte.[27] Bei Raumordnungsplänen wird dementsprechend danach gefragt, inwiefern das Hauptanliegen des Plans mehr als geringfügig durch die Abweichung beeinträchtigt wird.[28]

Eine dahingehende restriktive Wertung ist nach der Gesetzesbegründung und Systematik des § 245e Abs. 1 Satz 3 BauGB hingegen nicht erkennbar.

25 Vgl. BT-Drs. 20/2355 S. 31.

26 Vgl. BVerwG, Beschl. v. 15.3 2000 - 4 B 18/00; NVwZ-RR 2000, 759 (759).

27 Vgl. BVerwG, Beschl. v. 15.3.2000 - 4 B 18/00; NVwZ-RR 2000, 759 (759).

28 Vgl. Goppel in: Spannowsky/Runkel/Goppel, Raumordnungsgesetz, 2. Aufl. 2018, § 6 Rn. 28 ff.

Zunächst adressiert die Norm eine andere gesetzliche Grundkonstellation, indem die bestehende Windenergieplanung in wesentlichen Teilen angepasst wird – eine Situation, die wohl die wenigsten Plangeber bestehender Windenergiepläne antizipiert oder auch nur mitbedacht haben. Damit fügt sich § 245e Abs. 1 Satz 3 BauGB kaum in die Systematik der bisherigen Regelungen in BauGB und ROG ein. Diese befassen sich mit Vorhaben, welche von einem ansonsten vollständig erhaltenen Plan abweichen. Dementsprechend restriktiv ist die Rechtsprechung ausgerichtet.

Im Kontext des § 245e Abs. 1 Satz 3 BauGB ist das Berührtsein der Grundzüge der Planung hingegen bereits vom Wortlaut her auf den Einzelfall beschränkt. Auch lässt sich die Gesetzesbegründung von ihrem Sinn und Zweck so verstehen, dass sie zuvorderst den Fortbestand bestehender Windenergieausweisung in den Fokus nimmt. Die Fortgeltung der positiv für die Windenergie ausgewiesenen Flächen wird als Anwendungsfall der Norm ausdrücklich vorgesehen.[29]

Ein Verstoß gegen die die Grundzüge der Planung ist in diesem Kontext insofern als der gesetzliche Ausnahmefall zu verstehen und eine restriktive Auslegung des § 245e Abs. 1 Satz 3 BauGB systematisch wenig überzeugend.

2.2 Praktische Anwendungsfälle des § 245e Abs. 1 Satz 3 BauGB

Praktisch relevant dürfte die Regelung des § 245e Abs. 1 Satz 3 BauGB insbesondere für Windenergieplanungen sein, die, mangels Zuständigkeit für die Erreichung des Beitragswerts (§ 3 Abs. 1, 2 WindBG) die Zielwerte allein nicht erfüllen und allenfalls einen Teilwert zu einem Betragswert leisten können.

Das kann beispielweise der Fall sein, wenn im Wege einer regionalplanerisch festgelegten Konzentrationszonenplanung Flächen für die Windenergie ausgewiesen sind, die zuständige Regionalplanungsbehörde jedoch nicht Adressat des Flächenbeitragswertes ist, da diese Verpflichtung beim Land liegt (§ 3 Abs. 2 Nr. 1 WindBG). Die auf Ebene der Regionalplanung ausgewiesenen Positivausweisungen bleiben nach § 245e Abs. 1 Satz 3 BauGB grundsätzlich erhalten, während die Ausschlusswirkung mit dem 1.1.2028 endet. Die Rechtswirkungen des § 245e Abs. 1 Satz 2 i.V.m. § 249 Abs. 2 BauGB können diese Planungen mangels Adressateneigenschaft des Planungsträgers (§ 3 Abs. 2 WindBG) nicht erreichen. Die von diesen Be-

29 Vgl. BT-Drs. 20/2355 S. 25, 34.

standsplänen umfassten Windenergiegebiete (§ 2 WindBG) sind in Summe jedoch für den Flächenbeitragswert durchaus von großer Bedeutung.

Stark vom Einzelfall abhängig ist demgegenüber die Fragestellung, welche weiteren nicht-windenergierelevanten Festlegungen der Bestandsplanung die Grundzüge der Planung nicht berühren. Diese Frage lässt der Gesetzgeber offen und so bleibt abzuwarten, welche Maßstäbe Praxis und Rechtsprechung für den Einzelfall hier finden werden.

IV Zurückstellung von Baugesuchen (§ 245e Abs. 2)

Gemäß § 245e Abs. 2 BauGB ist im Kontext bestehender Windenergieplanung auch eine Zurückstellung von Baugesuchen durch entsprechende Anwendung des § 15 Abs. 3 BauGB möglich. Während diese Vorschrift im Rahmen von Neuplanungen nach § 249 BauGB unmittelbar Anwendung findet, ist dies bei Bestandsplänen nur unter bestimmten Voraussetzungen zulässig.

So ist Möglichkeit nach § 245e Abs. 2 Satz 2 BauGB zeitlich auf den 31. Dezember 2027 begrenzt. Des Weiteren ist eine Zurückstellung von Baugesuchen nur möglich, sofern eine Kommune beschlossen hat, einen windenergierelevanten Flächennutzungsplan aufzustellen, aufzuheben oder zu ergänzen, der darauf gerichtet ist, die Flächenbeitragswerte oder Teilflächenziele nach § 3 WindBG zu erreichen.[30] Ausweislich der Gesetzesbegründung soll im Rahmen dieser Entscheidung des Planungsträgers zugleich die überragende Bedeutung der erneuerbaren Energien, insbesondere auch für die Versorgungssicherheit, in die Abwägung einbezogen werden.[31] Die planerischen Steuerungs- und Zurückstellungmöglichkeiten sind damit von dem Gedanken getragen, dass entsprechenden Vorhaben nicht das negative Interesse an der Freihaltung der Fläche entgegengehalten werden kann. Vielmehr muss der Planungsträger darlegen, dass die Einhaltung des Flächenbeitragswertes bzw. des einschlägigen Teilflächenziels für Ende 2026 auch ohne die in Rede stehenden Standorte sichergestellt werden kann.[32]

Keine expliziten Regelungen trifft das Gesetz für die Zurückstellung von Vorhaben sofern dadurch Konflikte mit einem Raumordnungsplan

---

30 Vgl. BT-Drs. 20/2355 S. 31.
31 Vgl. BT-Drs. 20/2355 S. 32.
32 Vgl. BT-Drs. 20/2355 S. 24, 31.

entstehen würden. Aufgrund der Verweisnorm des § 27 Abs. 4 ROG auf die §§ 245e, 249 BauGB ist von einer grundsätzlichen Übertragbarkeit der Regelung auszugehen.

V Sonderregelung im Hinblick auf Repowering (§ 245e Abs. 3)

§ 245e Abs. 1 BauGB erhält dahingehend eine Einschränkung, dass die Ausschlusswirkung einer Bestandsplanung einem Repowering-Vorhaben im Sinne des § 16b Abs. 1 und 2 BImSchG nicht entgegengehalten werden kann, § 245e Abs. 3 BauGB.

1. Repowering-Vorhaben, § 245e Abs. 3 Satz 1

Grundsätzlich handelt es sich beim Repowering um das Ersetzen älterer Anlagen durch moderne, leistungsfähigere Anlagen.[33] Der Gesetzgeber nimmt im Kontext des § 245e Abs. 3 BauGB explizit § 16b Abs. 1 und 2 BImSchG in Bezug.[34] Diese fassen den Anwendungsbereich des Repowerings im Kontext des Immissionsschutzes enger und definieren diese als die Modernisierung einer Anlage zur Erzeugung von Strom aus erneuerbaren Energien (§ 16b Abs. 1 BImSchG). Die Modernisierung umfasst nach der gesetzlichen Definition den vollständigen oder teilweisen Austausch von Anlagen oder Betriebssystemen und -geräten zum Austausch von Kapazität oder zur Steigerung der Effizienz oder der Kapazität der Anlage (§ 16b Abs. 2 Satz 1 BImSchG).

Über diese Ausnahmen will der Gesetzgeber gerade die Wiedererrichtung von Bestandsanlagen trotz einer planerischen Ausschlusswirkung gezielt ermöglichen. Das macht eine Anpassung des Bestandsplans vorerst entbehrlich, da der Gesetzgeber hier rückwirkend eine Wertung zugunsten faktisch genutzter Flächen abgibt.[35] Für den Fall, dass eine Kommune weiterhin den Ausschluss der Fläche wünscht, verweist die Gesetzesbegrün-

---

33 Im Hinblick auf Windenergievorhaben: Roscher, Söfker, Schmidt-Eichstaedt, Repowering im Planungsrecht fördern, 2021, S. 6.

34 Vgl. BT-Drs. 20/2355 S. 32.

35 Vgl. BT-Drs. 20/2355 S. 24.

dung auf die Vorschriften zur Zurückstellung von Baugesuchen (§ 245e Abs. 2 i.V.m. § 15 Abs. 3 BauGB).[36]

Auch die für Repowering-Vorhaben genutzten Flächen sind im Kontext des Flächenbeitragswertes anrechenbar. Neben der planerischen Ausweisung von Windenergiegebieten genügt es für die Erfüllung der Beitragswerte nach § 4 Abs. 1 WindBG ebenfalls, dass die tatsächliche Flächeninanspruchnahme festgestellt wird, § 4 Abs. 1 Satz 1 und 3 WindBG.

2. Rück-Ausnahmen nach § 245e Abs. 3 Satz 2

Die Erleichterungen zugunsten des Repowerings finden dann keine Anwendung, sofern die Grundzüge der Planung hierdurch berührt sind, § 254e Abs. 3 Satz 1 2. HS BauGB. Wie auch im Kontext des § 245e Abs. 1 BauGB ist der Umfang dieses Rechtsbegriffs weitestgehend offen. Auch hier bleibt es vom Einzelfall abhängig, wann diese Voraussetzungen gegeben sind. Voraussetzung hiervor ist erneut, dass durch die Vorhabenzulassung nicht die Grundzüge der Planung berührt sind. Hier fehlt es jedoch an der Einschränkung auf den Einzelfall.[37]

Auch für Vorhaben, die sich in einem Natura 2000-Gebiet (i.S.d. § 7 Abs. 1 Nr. 8, §§ 31 ff. BNatSchG) oder in einem Naturschutzgebiet (§ 23 BNatSchG) befinden, soll die Norm zum Repowering keine Anwendung finden. Diese Vorschrift ist aller Wahrscheinlichkeit dem Umstand geschuldet, dass Windenergievorhaben in Natura 2000- und auch Naturschutzgebieten aufgrund der hohen Sensitivität auf diesen Flächen regelhaft nicht zulässig sind. So ist es kaum wahrscheinlich, dass Windenergievorhaben in diesen Gebieten im Einzelfall genehmigt werden können, oder Planung diese Gebiete erfolgreich in den Fokus nimmt.[38]

---

36 Siehe hierzu die obigen Ausführungen in Nr. 4.

37 Zum grundlegenden Verständnis des Begriffs im Kontext des § 245e BauGB unter den obigen Ausführungen unter III 2.1.

38 Umfassend hierzu: Sachverständigenrat für Umweltfragen, Klimaschutz braucht Rückenwind, 2022, S. 36 ff.; Fachagentur Windenergie an Land e.V., Bestandsaufnahme Windenergienutzung und Gebietsschutz, 2017, S. 7, 16.

VI Sonderregelungen im Hinblick auf bestehende Planentwürfe (§ 245e Abs. 4 BauGB)

Die Ausschlusswirkung einer Bestandsplanung nach § 245e Abs. 1 BauGB ist weiterhin eingeschränkt, sofern es einen Planentwurf gibt, welcher an eine zukünftige Ausweisung zugunsten Windenergievorhaben vorsieht, § 245e Abs. 4 BauGB. Dies gilt jedoch nur für diejenigen Planentwürfe, für die bereits eine Beteiligung nach § 3 Abs. 2, § 4 BauGB oder § 9 Abs. 2 ROG durchgeführt wurde.

Ausweislich der Gesetzesbegründung soll mit dieser Regelung die Flächenbereitstellung für den Ausbau der Windenergie zusätzlich beschleunigt werden. Dafür wird der Planung im Entwurfsstadium eine positive Vorwirkung verliehen. Sind bisherige Ausschlussgebiete durch einen neuen oder fortgeschriebenen Plan nunmehr als Windenergiegebiete vorgesehen, so soll die Ausschlusswirkung dem Windenergievorhaben bereits ab einem bestimmten Planungsstadium nicht mehr entgegengehalten werden können. Ein entsprechender Wille des Gesetzgebers wird dann als gegeben angenommen, wenn der Planentwurf in formeller und materieller Hinsicht eine gewisse Planreife erreicht hat.[39]

§ 245e Abs. 4 BauGB wurde hierbei den Vorschriften für Vorhaben während der Aufstellung eines Planentwurfs nach § 33 Abs. 1 Nr. 1 und 2 BauGB entlehnt. Die formelle Planreife ist jedoch bereits nach der ersten Öffentlichkeitsbeteiligung (§ 3 Abs. 2, § 4 BauGB, § 9 Abs. 2 ROG) zu bejahen. Sie entfällt auch nicht bei einer weiteren Beteiligung nach § 4a Abs. 2-5 BauGB, § 9 Abs. 3 ROG, auf deren Nennung der Gesetzgeber hier ausdrücklich verzichtet hat.[40]

Auch im Hinblick auf die materielle Planreife, ist der § 245e Abs. 4 BauGB weniger streng als der § 33 Abs. 1 Nr. 2 BauGB. So genügt es bereits, wenn anzunehmen ist, dass das Vorhaben den künftigen Ausweisungen entspricht und nicht erst, wenn es diesen nicht entgegensteht. Begründet wird diese Abschwächung der Voraussetzungen damit, dass die Zulässigkeit der Windenergievorhaben zentral auf deren Außenbereichsprivilegierung basiert und nicht erst auf der Bauleitplanung.[41]

Die Regelung des § 245e Abs. 4 BauGB mag unter dem Gesichtspunkt der schnellen Flächenverfügbarkeit für den Windenergieausbau mitunter

39 Vgl. BT-Drs. 20/3743, S. 23f.
40 Vgl. BT-Drs. 20/3743 S. 23f.
41 Vgl. BT-Drs. 20/3743 S. 23f.

zeitnahe Ergebnisse hervorbringen. Dennoch ist nicht zu verkennen, dass die Vorschrift einem noch nicht abgeschlossenes Planungsverfahren vorgreift und diesem eine deutliche Vorwirkung verleiht. Bereits im Hinblick auf den § 33 BauGB wird von Seiten der Rechtsprechung eine enge Auslegung verlangt, da hier die Erwartung zugrunde liegt, dass das Planungsverfahren unverzüglich zu Ende geführt wird.[42] Mit Blick auf die kaum vorhandenen Rechtsschutzmöglichkeiten[43] gegen Planentwürfe und auch den durch § 245e Abs. 4 BauGB vorgezogenen Moment der Planreife, ist eine darauf basierende Vorhabenzulassung durchaus kritisch zu hinterfragen.

VII Fortentwicklung von Bestandsplänen (§ 245e Abs. 1 Satz 4 ff.)

§ 245e Abs. 1 Satz 4 BauGB stellt klar, dass Bestandspläne auch einer Fortentwicklung durch den Planungsträger durchaus zugänglich sind; so in Form ihrer Änderung, Ergänzung oder Aufhebung. In der Gesetzesbegründung wird dabei auf die allgemeinen Regeln und auch die Neuregelungen in § 249 BauGB verwiesen.[44]

Das Verfahren für die Fortschreibung und Änderung von Flächennutzungs- und Regionalplänen bemisst sich nach den §§ 8 ff. ROG in Verbindung mit den Ausführungs- und Landesplanungsgesetzen der Länder sowie den §§ 2 ff. BauGB. Hierauf verweist auch § 245e Abs. 1 Satz 8 BauGB, der ausdrücklich § 249 Abs. 6 BauGB in Bezug nimmt. Der tatsächliche Umfang der Anpassungsmöglichkeiten wird durch die § 245e Abs. 1 Sätze 5 bis 8 BauGB nochmal deutlicher ausdifferenziert.

1. Zusätzliche Planausweisungen

Die § 245e Abs. 1 Satz 5 ff. BauGB adressieren insbesondere die Erweiterung der Positivflächen (sog. isolierte Positivplanung). Dabei werden bei einer

42 Vgl. BVerwG, Urt. v. 1.8.2002 – 4 C 5/01, NVwZ 2003, 86 (88); BverwG, Beschl. v. 15 10.2001 – 4 BN 48/01, NVwZ-RR 2002, 256 (256).

43 Vgl. BVerwG, Beschl. v. 15.10.2001 - 4 BN 48/01, NVwZ-RR 2002, 256 (256).

44 Vgl. BT-Drs. 20/2355 S. 31.

Bestandsplanung mit Ausschlusswirkung zusätzliche Flächen für die Windenergienutzung ausgewiesen.[45]

Nach der Gesetzesbegründung sollen in diesem Kontext die neuen Planungsvorschriften des § 249 BauGB in Bezug genommen werden.[46] Anders noch, als nach Maßgabe der Rechtsprechung zu § 35 Abs. 3 Satz 3 BauGB[47], wird die Abwägung nunmehr auf die Belange beschränkt, welche durch die zusätzlich auszuweisenden Flächen berührt werden, § 245e Abs. 1 Satz 5 BauGB. Der Verweis auf die Konkretisierung der Untersuchungspflichten des jeweiligen Planungsträgers nach Maßgabe des § 249 Abs. 6 BauGB, insbesondere des Satzes 2, unterstützt dies.

Damit ist der zuständige Planungsträger im Hinblick auf die vorgenommene Positivplanung nicht mehr an sein bisheriges Planungskonzept gebunden. Das gilt besonders für die Anforderungssystematik nach § 35 Abs. 3 Satz 3 BauGB.[48] Der Fokus der Fortschreibung liegt damit besonders auf der Ausweisung zusätzlicher Windenergieflächen.[49]

Wie weit der Handlungsspielraum des jeweiligen Planungsträgers bei der Ausweisung von zusätzlichen Flächen ist, wird u.a. von § 245e Abs. 1 Satz 6 BauGB umrissen. Hiernach kann von dem bisherigen Planungskonzept abgewichen werden, sofern die Grundzüge der Planung nicht berührt sind. Erneut stellt sich die Frage nach der hier erforderlichen Maßstabsbildung in der Einzelfallprüfung. Nunmehr erfährt der Begriff durch die Regelungen des § 245e Abs. 1 Satz 7 BauGB eine nähere Spezifikation. Von der Wahrung der Grundzüge der bisherigen Planung ist danach regelmäßig auszugehen, wenn Flächen im Umfang von nicht mehr als 25 Prozent der schon bislang dargestellten Flächen zusätzlich ausgewiesen werden. Keine Aussage trifft das Gesetz zu der vorgesehenen 25-Prozent-Grenze als Bemessungsgrundlage. Es ist zu vermuten, dass es sich hierbei um einen Mittelwert der durchgeführten Untersuchung zu den Potentialanalysen handelt.[50]

---

45 Vgl. BT-Drs. 20/3743 S. 23.

46 Vgl. BT-Drs. 20/2355 S. 31.

47 Umfassend zum Streitstand: Osing: Die Positivplanung von Windenergieflächen nach § 249 Abs. 1 S. 1 BauGB – eine unterschätzte Chance für die Energiewende? NVwZ 2020, 749 (749 ff.).

48 Vgl. BT-Drs. 20/3743 S. 23.

49 Umfassend zur neuen Planungssystematik: Raschke, Roscher ZfBR 2022, 531 (535); Kment, NVwZ 2022, 1153 (1156 ff.).

50 Vgl. Guidehouse, Frauenhofer IEE, Stiftung Umweltenergierecht, bosch&partner, Analyse der Flächenverfügbarkeit für Windenergie an Land post-2030, 2022, S. 5,

Offen ist zudem, inwiefern Bestandspläne auch über den Wert von 25 Prozent der bereits dargestellten Flächen erweitert werden können. Im Sinne der vom Gesetzgeber angestrebten zeitnahen und flächendeckenden Flächenbereitstellung für die Windenergie,[51] sollte dies keine strikte Grenze darstellen. Vielmehr wird die Beurteilung der berührten Grundzüge der Planung je nach Einzelfall vorzunehmen sein. Die ersten Erfahrungswerte aus einigen Bundesländern werden zeigen, ob der avisierte Wert von 25 Prozent genügen wird, um Bestandspläne entsprechend praktikabel auszuweiten.

Ein praktisch häufiger Fall für eine Ausweitung der Positivflächen kann nicht zuletzt die Umwandelung von sogenannten Rotor-in-Flächen zu Rotor-out-Flächen sein. Es zeigt sich, dass Flächen, in denen nur die Windenergievorhaben zulässig sind, deren Rotorblätter die Grenze nicht überstreichen (Rotor-innerhalb-Regelung) gegenüber denjenigen, die ein Überstreichen gestatten (Rotor-außerhalb-Regelung) deutliche Ertragsverluste auf der Fläche verzeichnen.[52] Aus diesem Grund werden Windenergiepläne mit einer Rotor-innerhalb-Regelung nur teilweise zur Erreichung des Flächenbeitragswertes miteinbezogen (§ 4 Abs. 3 Satz 2 WindBG).[53] Auf dieser Basis besteht insofern ein großer Anreiz, gerade solche Pläne anzupassen. Dieser wird auch durch § 5 Abs. 4 WindBG gestärkt. Offen ist hierbei insbesondere, in welchem Verhältnis die beiden Normen zueinanderstehen. Zumindest scheint § 5 Abs. 4 Satz 2 WindBG eine Anpassung unter reduzierten formellen Anforderungen zu ermöglichen.

2. Weitere Ergänzungen, Änderungen oder Aufhebung des Plans

Inwiefern darüber hinaus weitere Ergänzungen, Änderungen oder auch eine Aufhebung der Bestandplanung erfolgen kann, wird hingegen nicht näher vom Gesetzgeber konkretisiert. Offen bleibt insbesondere, ob und wie der Verweis auf die Grundzüge der Planung im Rahmen des § 245e Abs. 1 Satz 6, 7 BauGB über den Satz 5 hinaus greift. Dies erscheint ob

---

9; Umweltbundesamt 41/2022, Auswirkungen einer Rotor-in-Planung auf die Verfügbarkeit von Windflächen, 2022, S. 11.

51 Vgl. BT-Drs. 20/2355, S. 17.

52 Guidehouse, Frauenhofer IEE, Stiftung Umweltenergierecht, bosch&partner, Analyse der Flächenverfügbarkeit für Windenergie an Land post-2030, 2022, S. 5, 9.

53 BT-Drs. 20/2355 S. 27; Umweltbundesamt, Auswirkungen einer Rotor-in-Planung auf die Verfügbarkeit von Windflächen, 2022 S. 11 ff.

des Wortlauts („Dabei") und der damit klaren Bezugnahme auf die Ausweisung von Zusatzflächen nach § 245e Abs. 1 Satz 5 BauGB, eher abzulehnen zu sein. Damit werden weitere Ergänzungen, entsprechend der Gesetzesbegründung, nach den allgemeinen Regeln und zu den Neuregelungen in § 249 BauGB zu erfolgen haben.[54]

Auf dieser Basis wird die zusätzliche Beschränkung der Flächen nach Maßgabe des § 35 Abs. 3 Satz 3 BauGB als nicht möglich angesehen. Diese wird durch die Anwendbarkeit nach dem neuen § 249 Abs. 1 BauGB explizit ausgeschlossen. Mangels einer Regelung im Rahmen des § 245e BauGB kann nicht davon ausgegangen werden, dass hier eine erweiternde Ausschlussplanung gewollt wurde. Vielmehr verweist der Gesetzgeber in der Begründung explizit auf die Anpassung nach Maßgabe der neuen Planungsvorschriften des § 249 BauGB.[55]

Ausdrücklich möglich ist die Aufhebung einer bestehenden Planung nach Maßgabe der allgemeinen gesetzlichen Regelungen für die jeweilige Planungsebene. Denkbar ist in diesem Kontext auch eine teilweise Aufhebung des Bestandsplans. Beachtlich kann die Aufhebung eines Plans insofern sein, als dass auch bislang vorgesehene Windenergiegebiete hiermit umfasst sein können, was sich unmittelbar auf die Anrechenbarkeit der (unbebauten) Flächen auswirken kann (§§ 2, 4 BauGB).

VIII Ausblick für Bestandsplanungen

Die geltenden Regelungen zum Umgang mit Bestandsplanungen nach § 245e BauGB sehen von ihrer Zielrichtung den Erhalt der bisherigen Planung im Grundsatz vor. Dies ist folgerichtig, denn auch nach alter Rechtslage wurde eine durchaus nennenswerte Zahl an Windenergiegebieten ausgewiesen. Es bleibt abzuwarten, inwiefern die Planungspraxis einen Umgang mit den teilweise offenen rechtlichen und systematischen Fragen finden wird.

---

54 BT-Drs. 20/2355 S. 31.

55 BT-Drs. 20/2355 S. 31.

Umgang mit bestehendem Landesrecht – Windenergie im Fokus der Bundesländer nach Erlass des WindBG und Änderung des BauGB

Von Prof. Dr. Marcel Raschke

I Einführung

Insbesondere durch das Gesetz zur Erhöhung und Beschleunigung des Ausbaus von Windenergieanlagen an Land[1], aber auch durch Anpassungen mittels weiterer Gesetze[2], wurde das Planungsrecht der Windenergie auf neue Füße gestellt. Eingeführt wurde das neue „Gesetz zur Festlegung von Flächenbedarfen für Windenergieanlagen an Land (WindBG)", die Regelungen für die Windenergie in § 35 BauGB[3] und § 249 BauGB wurden verändert.

II Rückblick

Zunächst ein Rückblick: In Folge eines Urteils des Bundesverwaltungsgerichts[4] wurde zu Jahresbeginn 1997 die Privilegierung der Windenergie in § 35 Abs. 1 Nr. 5 BauGB eingeführt. Mit der Privilegierung schuf der Gesetzgeber einen „Planvorbehalt", Planungsträger sollten danach Windenergie nur auf bestimmten Flächen darstellen bzw. ausweisen

1 Vom 20. Juli 2022 (BGBl. I S. 1353).

2 So wurde noch ergänzend § 249 Abs. 10 BauGB durch das „Gesetz zur sofortigen Verbesserung der Rahmenbedingungen für die erneuerbaren Energien im Städtebaurecht" (vom 4. Januar 2023 (BGBl. I Nr. 6)) eingeführt. Zudem wurden weitere Regelungen in § 245e BauGB durch das „Gesetz zur Änderung des Energiesicherungsgesetzes und anderer energiewirtschaftlicher Vorschriften" (vom 8. Oktober 2022 (BGBl. I S. 1726)) ergänzt. Innerhalb des WindBG wurde ein neuer § 6 WindBG durch das Gesetz zur Änderung des Raumordnungsgesetzes und anderer Vorschriften (vom 22. März 2023 (BGBl. I Nr. 88)) eingeführt, der bisherige § 6 WindBG wird dadurch zu § 7 WindBG.

3 Baugesetzbuch in der Fassung der Bekanntmachung vom 3. November 2017 (BGBl. I S. 3634), zuletzt geändert durch Artikel 2 des Gesetzes vom 4. Januar 2023 (BGBl. I Nr.6).

4 BVerwG, Urt. v. 16.06.1994 - 4 C 20/93 - NVwZ 1995, 64.

können, im übrigen Außenbereich sollte diese gezielte Ausweisung einen der Privilegierung entgegenstehenden Belang darstellen.

Steuerten Bundesländer und Kommunen nunmehr planerisch über den Planvorbehalt in § 35 Abs. 3 Satz 3 BauGB durch Ausweisung sog. „Konzentrationszonen" für die Windenergie durch Raumordnung und/oder Flächennutzungspläne, unterlagen Sie dabei den schwierigen Anforderungen der Rechtsprechung. Zum einen stießen Sie dabei an die Grenzen der methodischen Vorgaben der Rechtsprechung, insbesondere hinsichtlich der geforderten Unterscheidung zwischen sog. harten und weichen Tabuzonen. Exemplarisch kritisierte einst das OVG Münster deutlich, man übernehme aus Gründen der Rechtseinheitlichkeit die vom Bundesverwaltungsgericht entwickelten Anforderungen an die Planung von Konzentrationszonen für die Windenergienutzung, auch wenn an deren Tauglichkeit und praktischer Umsetzbarkeit gezweifelt werden könne.[5] Zum anderen gab es kein Planungsziel, die Planungsträger waren aber angehalten, im Rahmen der Ausschlussplanung der Windenergie „substantiell" Raum zu gewähren.[6]

III Länderöffnungsklausel im BauGB - Abstandsregelungen der Bundesländer

Erstmals 2014 wurde im BauGB mit dem „Gesetz zur Einführung einer Länderöffnungsklausel zur Vorgabe von Mindestabständen zwischen Windenergieanlagen und zulässigen Nutzungen"[7] die sog. Länderöffnungsklausel im damaligen § 249 Abs. 3 BauGB geschaffen. Die Regelung stellte seinerzeit eine Umsetzung des Koalitionsvertrages der damaligen Bundesregierung dar.[8] Nur Bayern machte seinerzeit von der bis zum 31. Dezember 2015 befristeten Möglichkeit des damaligen § 249 Abs. 3 BauGB Gebrauch.[9] Geschaffen wurde eine restriktive Regelung (10H-Regelung), welche den

5 OVG Münster, Urt. v. 22. 09. 2015 – 10 D 82/13. NE - ZfBR 2016, 52.

6 Vgl. Tyczewski, Konzentrationszonen für Windenergieanlagen rechtssicher planen – Illusion oder Wirklichkeit?, BauR 2014, S. 934 ff.

7 Vom 15. Juli 2014 (BGBl. I S. 954).

8 Zur Historie: Raschke: Privilegierter Föderalismus – Länderöffnungsklausel im BauGB?, NVwZ 2014, 414.

9 Scheidler, Die Windkraft-Länderöffnungsklausel im BauGB und ihre Umsetzung in Bayern, UPR 2014, 214.

Ausbau der Windenergie in Bayern zum Erliegen brachte.[10] 2020 gingen acht Windenergieanlagen in neu in Betrieb, drei wurden genehmigt[11], in den ersten drei Quartalen des Jahres 2021 wurden insgesamt sechs Anlagen genehmigt.[12]

Die Länderöffnungsklausel wurde 2020 durch das „Gesetz zur Vereinheitlichung des Energieeinsparrechts für Gebäude und zur Änderung weiterer Gesetze“[13] reaktiviert, allerdings wurde dabei den Bundesländern nicht derselbe Spielraum wie im Jahre 2014 gewährt. Der höchstmögliche Abstand wurde auf 1.000 Meter von der Mitte des Mastfußes der Windenergieanlage bis zur nächstgelegenen im Landesgesetz bezeichneten baulichen Nutzung zu Wohnzwecken beschränkt. Eine Sonderregelung wurde für Bayern getroffen, es wurde geregelt, dass das dortige Landesrecht fort gilt, eine Änderungsmöglichkeit für das bayrische Landesrecht wurde vorgesehen, sofern die wesentlichen Elemente der Regelung beibehalten werden (§ 249 Abs. 3 Satz 4 BauGB a.F.).

Von der zum 01.11.2020 „reaktivierten“ Länderöffnungsklausel in § 249 Abs. 3 a.F. BauGB hatten erst in jüngerer Zeit Nordrhein-Westfalen, Sachsen und Brandenburg Gebrauch gemacht. Nordrhein-Westfalen hatte mit Wirkung zum 15.07.2021 mit dem zweiten Gesetz zur Änderung des Gesetzes zur Ausführung des Baugesetzbuches in Nordrhein-Westfalen. eine Regelung in § 2 BauGB-AG NRW getroffen.[14] In Brandenburg wurde im Mai 2022 das Brandenburgische Windenergieanlagenabstandsgesetz – BbgWEAAbG[15] verabschiedet. In Sachsen wurde Anfang Juni 2022 durch das Vierte Gesetz zur Änderung der Sächsischen Bauordnung vom 1. Juni 2022[16] eine Regelung in § 84 Abs. 2 SächsBO verabschiedet.[17]

---

10 Decker, Die geplante Änderung der 10-H-Regelung in Bayern - Reform oder bloßes Alibi -, ZfBR 2022, 735.

11 Bayerischer Landtag, Drucksache 18/12493, S. 2.

12 Bayerischer Landtag, Drucksache 18/19647, S. 3.

13 Vom 8. August 2020 (BGBl. I S. 1728).

14 NRW. GV. Nr. 52 vom 14.7.2021, S. 877 ff; hierzu: Tyczewski, Die Einführung eines gesetzlichen Mindestabstands von Windenergieanlagen zu Wohngebäuden in NRW – Lösung des Akzeptanzdefizits?, BauR 2022, S. 1.

15 Brandenburg, GVBl.I/22, [Nr. 9].

16 Sachsen, GVBl. S. 366.

17 Hierzu: Rheinschmitt, Windenergienutzung – Pauschale Siedlungsabstände nach § 249 Abs. 3 BauGB und ihre Umsetzung in Sachsen, ZUR 2022, 278.

IV Neuregelungen – 2% für die Windenergie durch Positivplanung, (keine) Abstandsregelungen auf Flächen in Windenergiegebieten gemäß § 2 Nummer 1 WindBG

1. Landesregelungen zu den Abstandsregelungen

Mit dem „Gesetz zur Erhöhung und Beschleunigung des Ausbaus von Windenergieanlagen an Land" wurde § 249 Abs. 9 Satz 5 BauGB dahingehend geregelt, dass die von der Länderöffnungsklausel des BauGB ermöglichten Landesabstandsregelungen nicht auf Flächen in Windenergiegebieten gemäß § 2 Nummer 1 des Windenergieflächenbedarfsgesetzes anzuwenden sind. Den Bundesländern wurde in § 249 Abs. 9 Satz 6 BauGB „aufgegeben", dies bis zum Ablauf des 31. Mai 2023 zu regeln.

Die betroffenen Bundesländer haben im Zuge des WindBG auf die Änderung des BauGB reagiert, um ihrer Änderungspflicht bis zum Ablauf des 31. Mai 2023 nachzukommen.

1.1 Änderungen in Bayern

Bayern hat mit dem Gesetz zur Änderung der Bayerischen Bauordnung vom 8. November 2022[18] seine vormals strengere 10H Regelung in Art. 82 BayBO teilweise gelockert. § 249 Abs. 9 Satz 4 2. Hs. BauGB erlaubt die Änderung der vormals auf Grundlage von § 249 Abs. 3 BauGB a.F. geschaffenen Regelung(en), sofern die wesentlichen Elemente des Landesgesetzes beibehalten werden. Geschaffen wurden etwas unübersichtliche Regelungen, welche am 16. November 2022 in Kraft traten.

Die 10H-Regelung in Art. 82 Abs. 1 BayBO bleibt dem Grunde nach bestehen, wird aber für bestimmte Vorhaben durch eine Neuregelung in Art. 82 Abs. 5 BayBO, nicht angewandt. Dies bedeutet jedoch nicht, dass diese Vorhaben keinen landesrechtlichen Abstandsregelungen unterliegen, denn für diese kommt der ebenfalls 2022 neu eingeführte Art. 82a BayBO zur Anwendung, der einen Mindestabstand von 1.000 m zu Wohngebäuden in Gebieten mit Bebauungsplänen (§ 30 BauGB), innerhalb im Zusammenhang bebauter Ortsteile (§ 34 BauGB) – sofern in diesen Gebieten Wohngebäude nicht nur ausnahmsweise zulässig sind – und im Geltungsbereich von Satzungen nach § 35 Abs. 6 BauGB, vorsieht.

18 Bayerischer Landtag, Drucksache 18/23858.

Bayern ging mit Blick auf die Vorgaben des BauGB unterschiedlich vor. Die Einführung der Ausnahme in Art. 82 Abs. 5 BayBO wurde gestützt auf die Möglichkeit, die Regelung zu ändern (§ 249 Abs. 3 Satz 4 2. Hs. BauGB in der bis zum 31.1.2023 geltenden Fassung, nunmehr: § 249 Abs. 9 Satz 4 2. Hs. BauGB). Die 1.000 m Abstandsregelung in Art. 82a BayBO wurde gestützt auf die am 14.8.2020 in Kraft getretene Neuregelung der Länderöffnungsklausel in § 249 Abs. 3 Satz 1 BauGB (nunmehr: § 249 Abs. 9 Satz 1 BauGB), nach der die Länder nach Satz 2 einen Mindestabstand von 1.000 m festlegen können.[19]

Zudem wurde in Art. 82b BayBO geregelt, dass die Mindestabstände nach Art. 82 und 82a keine Anwendung auf Flächen in Windenenergiegebieten gemäß § 2 Nr. 1 des Windenergieflächenbedarfsgesetzes finden. Dabei wurde ein „Zwischenzeitraum" geschaffen, da diese neue Regelung in § 82b BayBO erst am 31. Mai 2023 in Kraft tritt.

Im Ergebnis finden sich im bayrischen Recht nunmehr 3 unübersichtliche Regelungen, in Art. 82 BayBO, Art. 82a BayBO und Art. 82b BayBO. Die geänderten Regelungen sind entsprechend auf Kritik gestoßen und in der Literatur als „bloßes Alibi" bezeichnet worden.[20] Weniger überzeugend scheint die in Bayern vertretene Auffassung, dass die Regeln „neuen Wind" brächten und der Bundesgesetzgeber durch die Regelung in § 249 Abs. 2 BauGB die nunmehr in Art. 82 Abs. 5 BayBO geregelten Vorhaben „ausgebremst" hätte.[21]

1.2 Änderungen in Nordrhein-Westfalen

In NRW wurde am 08.03.2023 das „Vierte Gesetz zur Änderung des Gesetzes zur Ausführung des Baugesetzbuches in Nordrhein-Westfalen" verabschiedet.[22] Dies reagiert auf § 249 Abs. 9 Satz 6 BauGB und regelt, dass auf Flächen innerhalb von Windenergiegebieten die Abstandsregelung des

19 Ausführlich: Decker, Die geplante Änderung der 10-H-Regelung in Bayern - Reform oder bloßes Alibi -, ZfBR 2022, 735.

20 Decker, Die geplante Änderung der 10-H-Regelung in Bayern - Reform oder bloßes Alibi -, ZfBR 2022, 735.

21 So: Parzefall, Die Neue „5 H-Regelung" (100 m Mindestabstand) bei den wichtigsten Fallgruppen der Windenergie, BayVBL. 2022, 811 (814).

22 Landtag Nordrhein-Westfalen, Drucksache 18/2140.

§ 2 Abs. 1 des Gesetzes zur Ausführung des Baugesetzbuches in Nordrhein-Westfalen nicht greift.[23]

1.3 Änderungen in Sachsen

Sachsen hat im Haushaltsbegleitgesetz 2023/2024 – HBG 2023/2024[24] Regelungen getroffen. Art. 24 dieses Gesetzes ändert(e) entsprechend § 84 SächsBO. § 84 Abs. 6 SächsBO[25] regelt nunmehr insbesondere, dass die Abstandsregelung in § 84 Abs. 2 SächsBO keine Anwendung auf Flächen in Windenergiegebieten gemäß § 2 Nummer 1 des Windenergieflächenbedarfsgesetzes findet.

1.4 Änderungen in Brandenburg

In Brandenburg wurde das Brandenburgische Flächenzielgesetz – BbgFzG am 22.02.2023 in 2. Lesung verabschiedet und am 02. März 2023 verkündet, am 03. März 2023 trat es in Kraft.[26] Darin werden regionale Teilflächenziele vorgesehen und das Brandenburgische Windenergieanlagenabstandsgesetz wird entsprechend geändert. § 1 Absatz 1 Satz 3 des Brandenburgischen Windenergieanlagenabstandsgesetzes regelt, dass die in Satz 1 enthaltene Abstandsregelung nicht für Vorhaben auf Flächen in Windenergiegebieten gemäß § 2 Nummer 1 des Windenergieflächenbedarfsgesetzes gilt.

2. Zusammenfassung

Es zeigt sich, dass die betroffenen Bundesländer reagiert haben und ihrer Änderungspflicht bis zum Ablauf des 31. Mai 2023 nachgekommen sind.

---

23 Baumgart, Neue Entwicklungen im Windenergierecht in Nordrhein-Westfalen, EnK-Aktuell 2023, 01020.

24 Vom 20. Dezember 2022 (SächsGVBl. S. 705).

25 Sächsische Bauordnung in der Fassung der Bekanntmachung vom 11. Mai 2016 (SächsGVBl. S. 186), zuletzt geändert durch Artikel 24 des Gesetzes vom 20. Dezember 2022 (SächsGVBl. S. 705).

26 Brandenburg, Gesetz- und Verordnungsblatt, Teil I Nr. 3 vom 2. März 2023.

V § 249 Abs. 7 Satz 2 BauGB

Zu erwähnen ist noch die Regelung in § 249 Abs. 7 Satz 2 BauGB. Landesgesetze mit den Abstandsregelungen sind danach nicht mehr anzuwenden, wenn gemäß § 5 Absatz 3 Satz 2 WindBG festgestellt wurde, dass ein Land den Nachweis gemäß § 3 Absatz 3 WindBG bis zum Ablauf des 30. November 2024 nicht erbracht hat. Nach § 3 Absatz 3 WindBG bedarf es bis zum 31. Mai 2024 entweder 1. Planaufstellungsbeschlüsse zur Ausweisung der zur Erreichung der Flächenbeitragswerte nach Anlage 1 Spalte 1 notwendigen Flächen oder 2. des Inkrafttretens von Landesgesetzen oder Raumordnungsplänen, die regionale oder kommunale Teilflächenziele festsetzen; dabei müssen die Teilflächenziele in der Summe den Flächenbeitragswert nach Anlage 1 Spalte 1 für das Land erreichen.

Die Regelung in § 249 Abs. 7 Satz 2 BauGB gilt zudem, wenn der Flächenbeitragswert nach Anlage 1 Spalte 1 oder Spalte 2 WindBG zum jeweiligen Stichtag nicht erreicht wird.

VI Landesregelungen für Flächenbeitragswerte

1. Grundlagen

Die im Rückblick beschriebenen Schwierigkeiten einer rechtssicheren (Ausschluss-) Planung nach § 35 Abs. 3 Satz 3 BauGB sollen durch die Neuregelungen obsolet werden. Statt der Ausschlussplanung auf Grundlage des § 35 Abs. 3 Satz 3 BauGB kommt es zu einer Positivplanung. Gebiete für die Windenergie müssen explizit ausgewiesen werden. Außerhalb der Gebiete sind – sofern Zielvorgaben des Gesetzgebers beachtet werden – Windenergieanlagen nur noch auf Grundlage von § 35 Abs. 2 BauGB zulässig. Dies regelt § 249 Abs. 2 Satz 1 BauGB. Die ehemalige Vorgabe der Rechtsprechung, für die Ausschlussplanung den gesamten Planungsraum zu untersuchen und nach harten und weichen Tabuzonen unterscheiden zu müssen, wird durch die Neuregelung in § 249 Abs. 6 Satz 2 BauGB obsolet. Darin heißt es, dass es für die Rechtswirksamkeit des Plans unbeachtlich ist, ob und welche sonstigen Flächen im Planungsraum für die Ausweisung von Windenergiegebieten geeignet sind. Statt eines vormals unklaren Planungszieles („substanzieller Raum“) macht der Bundesgesetzgeber nunmehr Vorgaben für die verbindliche Positivplanung.

Durch das WindBG gibt es nunmehr eine klare Vorgabe. § 1 Abs. 2 WindBG regelt das zentrale Ziel des Gesetzgebers: Das Gesetz gibt den Ländern verbindliche Flächenziele (Flächenbeitragswerte) vor, die für den Ausbau der Windenergie an Land benötigt werden.

Entsprechend gibt das WindBG den Bundesländern in § 3 Abs. 1 WindBG die Pflicht auf, einen prozentualen Anteil der Landesfläche für die Windenergie an Land auszuweisen. § 3 Abs. 2 WindBG „bietet" den Ländern zur Pflichterfüllung dazu unterschiedliche Optionen an. Nach § 3 Abs. 2 Satz 1 Nr. 1 WindBG können die Bundesländer die Pflicht dadurch erfüllen, dass diese die zur Erreichung der Flächenbeitragswerte notwendigen Flächen selbst in landesweiten oder regionalen Raumordnungsplänen ausweisen. Nach § 3 Abs. 2 Satz 1 Nr. 2 WindBG können die Bundesländer die Pflicht dadurch erfüllen, dass sie eine Ausweisung der zur Erreichung der Flächenbeitragswerte notwendigen Flächen durch von ihnen abweichende regionale oder kommunale Planungsträger sicherstellen. Nach dieser Regelung legt das jeweilige Land hierzu regionale oder kommunale Teilflächenziele fest, die in Summe den Flächenbeitragswert erreichen, und macht diese durch ein Landesgesetz oder als Ziele der Raumordnung verbindlich.

Erreichen die Bundesländer die Flächenziele des WindBG nicht, greift die Regelung des § 249 Abs. 7 BauGB. Danach entfällt im Falle des Verfehlens die Wirkung des § 249 Abs. 2 BauGB. Dieser regelt, dass außerhalb der Windenergiegebiete gemäß § 2 Nummer 1 des Windenergieflächenbedarfsgesetzes Windenergieanlagen nur nach § 35 Absatz 2 BauGB zulässig sind. § 249 Abs. 2 Satz 2 BauGB regelt dabei, dass diese Rechtsfolge für das Gebiet der jeweiligen Region oder Gemeinde eintritt, soweit ein Land gemäß § 3 Absatz 2 Satz 1 Nummer 2 oder Satz 2 des Windenergieflächenbedarfsgesetzes regionale oder kommunale Teilflächenziele bestimmt hat. Werden die Flächenziele also verfehlt, kommt es entsprechend § 249 Abs. 7 BauGB zu einer generellen Privilegierung im Außenbereich, eben auch außerhalb der Windenergiegebiete.

Die ersten Bundesländer sind bereits auf dem Weg Regelungen zu treffen, um die Verpflichtungen aus dem WindBG zu erfüllen oder haben diese sogar schon getroffen. Exemplarisch seien Beispiele, ohne Anspruch auf Vollständigkeit, genannt.

2. Bayern

Hinsichtlich der anstehenden Planung zur Erfüllung der Pflichten aus dem WindBG wird über den Entwurf einer Verordnung zur Änderung der Verordnung über das Landesentwicklungsprogramm Bayern (LEP) angestrebt, im LEP einen verbindlichen Auftrag an die Regionalen Planungsverbände festzulegen, Vorranggebiete in erforderlichem Umfang, unter Beachtung des WindBG auszuweisen. Dabei wird eine gleiche Verteilung vorgenommen. Der Entwurf sieht vor, als Teilflächenziel für jede Region 1,1 v.H. der Regionsfläche bis zum 31.12.2027 verbindlich vorzugeben, verbunden mit einem Hinweis auf das weitere Flächenziel im WindBG von bayernweit 1,8 v.H. der Landesfläche bis zum 31.12.2032.

3. Nordrhein-Westfalen

Unter anderem in der Sitzung des Ausschusses für Wirtschaft, Industrie, Klimaschutz und Energie am 21. September 2022 hat die Landesregierung angekündigt, im Frühjahr des Jahres 2023 einen ausformulierten LEP-Änderungstext vorzulegen und in den sechs Planungsregionen dafür zu werben, das Wind-an Land-Gesetz parallel in den Regionalplänen umzusetzen. Angestrebt wird auch hier, das eigentlich erst spätere Ziel des WindBG bereits 2025 zu erreichen. Auf Grundlage einer Windflächenanalyse wird eine Verteilung nach bestimmten Maßstäben angekündigt. Zum einen soll keine Planungsregion mehr als 75 Prozent ihrer Potenzialflächen für die Windenergie zur Verfügung stellen müssen. Zum anderen soll nicht mehr als die bundesseitig vorgesehene Obergrenze von 2,2 Prozent der Gesamtfläche der Planungsregion für die Windenergie vorgehalten werden müssen. Im Ergebnis ergibt dies für die Planungsregionen Arnsberg, Detmold, Köln und Münster ein Teilflächenziel von 2,13 Prozent der regionalen Gesamtfläche. Aufgrund der hohen Siedlungsdichte und des geringeren Flächenpotentials betragen die Teilflächenziele für die Planungsregion Düsseldorf 1,14 Prozent und für die Planungsregion des RVR 0,46 Prozent (2.036 Hektar), so wird es in einer Pressemitteilung der Landesregierung angekündigt.[27] Beachtet man, dass zuvor die Steuerung des § 35 Abs. 3 Satz 3 BauGB in NRW weitgehend über kommunale Flächennutzungspläne erfolgte, kommt hier der (regionalen) Raumordnung absehbar eine höhere Bedeutung zu. Angekündigt wird in der Pressemitteilung zum Umgang mit

27 Pressestelle des Ministeriums für Wirtschaft, Industrie, Klimaschutz und Energie NRW, Pressemitteilung vom 07.03.2023, im Internet unter: https://www.wirtschaft.nrw/nordrhein-westfalen-will-bereits-2025-insgesamt-18-prozent-der-landesflaeche-fuer-windenergie,Zugriff am 17.04.2023.

den kommunalen Plänen dazu, dass geeignete bestehende Planungen bei der Erfüllung der Ziele berücksichtigt werden.

4. Sachsen

In § 4a des Landesplanungsgesetzes (SächsLPlG[28]) wurde eine Regelung zur Umsetzung des WindBG getroffen. Nach § 4a Abs. 2 Satz 1 SächsLPlG sind in den Regionalplänen Windenergiegebiete nach § 2 Nummer 1 des Windenergieflächenbedarfsgesetzes auszuweisen.[29] Dabei wird, wie in Bayern, eine gleiche Verteilung angestrebt, was zum Teil als eine Ausformung von Verteilungsgerechtigkeit bewertet wird, wonach die spezifischen Nutzen und Lasten, die mit der Windenergienutzung verbunden sind, nicht auf einzelne Teilräume konzentriert werden sollen.[30] Anders, als in Bayern, findet sich jedoch, ähnlich wie in § 20 Abs. 3 Klimaschutzgesetz Baden-Württemberg, in § 4a Abs. 3 SächsLPlG eine Regelung, wonach den Regionen untereinander Vereinbarungen für Kompensationen erlaubt werden.[31]

5. Brandenburg

In Brandenburg wurde das Brandenburgische Flächenzielgesetz – BbgFzG am 22.02. in 2. Lesung verabschiedet und am 02. März 2023 verkündet, am 03. März 2023 trat es in Kraft.[32] Darin werden regionale Teilflächenziele vorgesehen. Insbesondere wird in Art. 1 Satz 1 BbgFzG geregelt, dass in jeder Region bis zum 31. Dezember 2027 mindestens 1,8 Prozent der Regionsfläche und bis zum 31. Dezember 2032 mindestens 2,2 Prozent der Regionsfläche für die Windenergienutzung auszuweisen sind (regionale Teilflächenziele).

---

28 Landesplanungsgesetz vom 11. Dezember 2018 (SächsGVBl. S. 706), zuletzt geändert durch Artikel 25 des Gesetzes vom 20. Dezember 2022 (SächsGVBl. S. 705).

29 Rheinschmitt, Umsetzung der bundesrechtlichen Vorgaben zur Beschleunigung des Ausbaus der Windenergie in Sachsen, EnK-Aktuell 2023, 01022.

30 ebenda.

31 ebenda.

32 Gesetz- und Verordnungsblatt für das Land Brandenburg, Teil I Nr. 3 vom 2. März 2023.

6. Niedersachsen

Die niedersächsische Landesregierung hat Anfang Februar 2023 ein Windenergie-Beschleunigungs-Gesetz für Niedersachsen angekündigt. Es soll per Gesetz geregelt werden, wieviel Windfläche in den kreisfreien Städten, den Landkreisen, dem Regionalverband Großraum Braunschweig und der Region Hannover mindestens auszuweisen ist. Angestrebt wird direkt der Flächenbeitragswert, der nach Anlage 1 Spalte 2 des WindBG erst bis zum 31. Dezember 2032 erreicht werden muss (2,2%). Eine „Arbeitshilfe für die Ausweisung von Windenergiegebieten in Regionalen Raumordnungsprogrammen“[33] wurde veröffentlicht. Geregelt werden soll zudem nach dem Vorbild von Mecklenburg-Vorpommern ein Gesetz über die Vor-Ort-Beteiligung am Ausbau erneuerbarer Energien.[34]

7. Hessen

Zum 29.11.2022 ist das neue Hessische Energiegesetz (HEG)[35] in Kraft getreten. In § 1 Abs. 3 HEG findet sich folgende Regelung: „Weiterhin erfolgt im Landesentwicklungsplan die Vorgabe, in den Regionalplänen Windvorrangflächen mit Ausschlusswirkung in einer Größenordnung von 2 Prozent der Landesfläche in substanziell geeigneten Gebieten festzulegen.“ Hessen ist im Rahmen der Antwort auf eine kleine Anfrage im Parlament der Auffassung, das erste Ziel bereits erreicht zu haben, es müssten nur die Beschlüsse nach § 5 Abs. 4 WindBG durch die drei Regionalversammlungen in Nord-, Mittel- und Südhessen gefasst werden.[36]

---

33 Niedersächsisches Ministerium für Ernährung, Landwirtschaft und Verbraucherschutz (Hrsg.), Arbeitshilfe für die Ausweisung von Windenergiegebieten in Regionalen Raumordnungsprogrammen, Stand: April 2023, im Internet unter: https://www.ml.niedersachsen.de/startseite/themen/raumordnung_landesplanung/arbeitshilfen/arbeitshilfe-fur-die-ausweisung-von-windenergiegebieten-in-regionalen-raumordnungsprogrammenn-219428.html, Zugriff am 24.04.2023.

34 Hierzu: BVerfG, Beschl. v. 23. 03 2022 – 1 BvR 1187/17 – NVwZ 2022, 861.

35 Hessisches Energiegesetz (HEG) vom 21. November 2012 (GVBl. S. 444), zuletzt geändert durch Artikel 1 des Gesetzes vom 22. November 2022 (GVBl. S. 571).

36 Hessischer Landtag, Drucksache 20/8876.

8. Thüringen

Am 22. November 2022 hat die Thüringer Landesregierung den ersten Entwurf zur Änderung des Landesentwicklungsprogramms Thüringen beschlossen. Im angestrebten Ziel 5.2.6 – Ziele des WindBG für Thüringen sollen die Ziele des WindBG in das Landesentwicklungsprogramm als Ziel übernommen. Im angestrebten Ziel 5.2.7 werden unterschiedliche Teilflächenziele vorgesehen. Diese Form der Regionalisierung des Flächenbeitragswerts in Gestalt unterschiedlicher regionaler Teilflächenzielen erfolgt auf Basis einer Potenzialstudie und zeigt die strukturellen Unterschiedlichkeiten der Regionen auf. Die Planungsregion Nordthüringen soll etwa bis Ende 2027 2,5 % ihrer Fläche ausweisen, wohingegen Südwestthüringen im selben Zeitraum lediglich 1,1 % seiner Fläche vorsehen soll.[37]

9. Baden-Württemberg

Baden-Württemberg hat am 1. Februar 2023 das Klimaschutzgesetz Baden-Württemberg verabschiedet.[38] Insbesondere wird hier in § 20 eine Festlegung regionaler Teilflächenziele gemäß § 3 des Windenergieflächenbedarfsgesetzes geregelt. Auch hier wird angestrebt, schon für den 1. Stichtag (31. Dezember 2027) das Hauptziel von 1,8 Prozent der Landesfläche umzusetzen, dessen Umsetzung es eigentlich erst bis Ende 2032 bedürfte. Gleichmäßig werden 1,8 Prozent der jeweiligen Regionsfläche als verbindliche regionale Teilflächenziele für die Träger der Regionalplanung festgelegt. Angelehnt an die Regelung des WindBG, welches Staatsverträge zwischen den Bundesländern erlaubt, erlaubt § 20 Abs. 3 Klimaschutzgesetz Baden-Württemberg Verträge zwischen den Regionen.

10. Schleswig-Holstein

Das „Windenergieland“ Schleswig-Holstein hat, soweit ersichtlich, nach Erlass des WindBG bislang keine explizite Reaktion auf das neue Bundesrecht von sich gegeben. Trotz der Tatsache, dass Schleswig-Holstein zu

37 Rheinschmitt, Umsetzung der bundesrechtlichen Vorgaben zur Beschleunigung des Ausbaus der Windenergie in Sachsen, EnK-Aktuell 2023, 01022.

38 Landtag von Baden-Württemberg, Drucksache 17/4015.

den Bundesländern mit bereits erheblichem Ausbau der Windenergie gehört, geht Schleswig-Holstein aber wohl davon aus, weitere Ausweisungen vornehmen zu müssen. Dies zeigt exemplarisch der Länderbericht zum Stand des Ausbaus der erneuerbaren Energien sowie zu Flächen, Planungen und Genehmigungen für die Windenergienutzung an Land an das Sekretariat des Bund-Länder-Kooperationsausschusses im Bundesministerium für Wirtschaft und Klimaschutz gemäß § 98 EEG für das Berichtsjahr 2022.[39]

11. Sachsen-Anhalt

In Sachsen-Anhalt liegt zum Stand der Bearbeitung ein Gesetzentwurf zur Änderung des Landesentwicklungsgesetzes vor, der jedoch noch der Einbringung in das Parlament bedarf. Darin werden Ziele für 2027 und 2032 geregelt. Der Entwurf sieht Teilflächenziele für die einzelnen Planungsregionen des Landes Sachsen-Anhalt vor. Für die Planungsregion Harz 1,2 Prozent bzw. 1,6 Prozent; für die Planungsregion Anhalt-Bitterfeld-Wittenberg 1,9 Prozent bzw. 2,3 Prozent; für die Planungsregion Altmark 1,9 Prozent bzw. 2,3 Prozent; für die Planungsregion Halle 1,9 Prozent bzw. 2,3 Prozent sowie für die Planungsregion Magdeburg 1,9 Prozent bzw. 2,3 Prozent.[40]

12. Saarland

Das „kleine“ Saarland wählt, soweit ersichtlich, wohl als einziges Bundesland den nach dem WindBG möglichen Weg, kommunale Teilflächenziele per Gesetz festzulegen. Zwar ist ein entsprechender Gesetzesentwurf zum

39 Ministerium für Energiewende, Landwirtschaft, Umwelt, Natur und Digitalisierung des Landes Schleswig-Holstein, Länderbericht zum Stand des Ausbaus der erneuerbaren Energien sowie zu Flächen, Planungen und Genehmigungen für die Windenergienutzung an Land an das Sekretariat des Bund-Länder-Kooperationsausschusses im Bundesministerium für Wirtschaft und Klimaschutz gemäß § 98 EEG Berichtsjahr 2022, im Internet unter https://www.bmwk.de/Redaktion/DE/Downloads/E/EEG-Kooperationsausschuss/2022/laenderbericht-schleswig-holstein-2022.pdf?__blob=publicationFile&v=6, Zugriff am 17.04.2023.

40 Staatskanzlei des Landes Sachsen-Anhalt, Pressemitteilung: 051/ 2023, 14.02.2023; im Internet unter: https://presse.sachsen-anhalt.de/staatskanzlei/2023/02/14/neues-gesetz-legt-teilflaechenziele-fuer-windenergie-an-land-in-sachsen-anhalt-fest/, Zugriff am 20.04.2023.

Stand der Ausführungen noch nicht ersichtlich, eine entsprechende Ankündigung hat die Landesregierung des Saarlands jedoch vorgenommen. In einem Maßnahmen- und Strategiepapier zum Klimaschutzgesetz für das Saarland mit Stand vom 23.01.2023 heißt es:

> „Für das Saarland gilt ein zu erreichender Flächenbeitragswert von 1,1 Prozent der Landesfläche bis 31.12.2027 als Zwischenziel sowie ein Flächenbeitragswert insgesamt bis 31.12.2032 von 1,8 Prozent. Das Saarland wird dieser Verpflichtung durch Sicherstellung einer Ausweisung der zur Erreichung der Flächenbeitragswerte notwendigen Flächen durch die kommunalen Planungsträger nachkommen. Für das Herunterbrechen auf die kommunale Planungsebene sind nach jetzigem Stand jeweils kommunale Teilflächenziele festzulegen, die in Summe den Flächenbeitragswert für das Saarland erreichen. Die Landesregierung wird hierzu unter Federführung des MWIDE ein Landesgesetz auf den Weg bringen. Als Grundlage erforderlich ist nach jetziger Bewertung eine gemeindeweise Potenzialbetrachtung, in Ergänzung bzw. ggfls. begründeter Abweichung zur Bundesstudie."[41]

13. Mecklenburg-Vorpommern

Im Vergleich zu den anderen Bundesländern geht Mecklenburg-Vorpommern einen ungewöhnlichen Weg. Das dortige Gesetz über die Raumordnung und Landesplanung des Landes Mecklenburg-Vorpommern – Landesplanungsgesetz (LPlG)[42] steuert nicht nur über Ziele und Grundsätze der Raumordnung. Nach § 9 LPlG MV kann die oberste Landesplanungsbehörde Richtlinien zur Ausarbeitung von regionalen Raumentwicklungsprogrammen erlassen. Nach § 12 Abs. 4 LPlG MV kann die oberste Landesplanungsbehörde Weisungen über den Planungszeitraum, über die Form der regionalen Raumentwicklungsprogramme und hinsichtlich der

---

41 Landesregierung des Saarlands, Maßnahmen und Strategiepapier zum Klimaschutzgesetz für das Saarland, S. 13 f., im Internet unter: https://www.saarland.ihk.de/ihk-saarland/Integrale?SID=9E7E918D0F2717FD51D50241308D5AD7&MODULE=Frontend.Media&ACTION=ViewMediaObject&Media.PK=9224&Media.Object.ObjectType=full, Zugriff am 17.04.2023.

42 In der Fassung der Bekanntmachung vom 5. Mai 1998 (GVOBl. M-V S. 503, 613), zuletzt geändert durch Artikel 9 des Gesetzes vom 9. April 2020 (GVOBl. M-V S. 166).

Beachtung der Richtlinien nach § 9 Abs. 2 LPlG MV erteilen. Diesen Weg hat Mecklenburg-Vorpommern auch für die Umsetzung der Ziele des WindBG gewählt. Erlassen wurde der "Erlass zur Festlegung landesweit einheitlicher, verbindlicher Kriterien für Windenergiegebiete an Land vom 7.2.2023[43]".

§ 3 Abs. 2 Nr. 1 WindBG sieht explizit die Ausweisung zur Erreichung der Flächenbeitragswerte notwendigen Flächen in regionalen Raumordnungsplänen vor. Dies unterscheidet sich von der Vorgehensweise des § 3 Abs. 2 Nr. 2 WindBG, der wiederum ein Landesgesetz oder ein Ziel der Raumordnung vorsieht. Die Vorgehensweise in Mecklenburg-Vorpommern erscheint daher mit Blick auf die Regelungen in § 3 Abs. 2 Nr. 1 WindBG möglich. Unter Ziffer II. 7 des Erlasses heißt es: "Die Planung der Windenergiegebiete ist auf das nach § 3 Absatz 1 in Verbindung mit Anlage 1 des Windenergieflächenbedarfsgesetzes vorgesehene Gesamtziel (2,1 Prozent der Landesfläche) auszurichten; alle vier Regionalen Planungsverbände sollen dementsprechend in ihrer jeweiligen Planungsregion hierfür einen gleich hohen Flächenbeitrag leisten." Kritisch zu würdigen ist allerdings, ob es mit Blick auf die Komplexität der planerischen Abwägung das Rechtsinstrument eines verbindlichen Erlasses richtig erscheint.[44]

14. Zusammenfassung

Insgesamt zeigt sich häufig, dass eine Planung auf Ebene der Regionalplanung angestrebt wird. Bislang nicht ersichtlich ist, dass in größeren Bundesländern die Möglichkeit genutzt würde, kommunale Teilflächenziele per Gesetz festzulegen. Lediglich das Saarland strebt diesen Weg an. Wurde zuvor im großen Flächenland Nordrhein-Westfalen im Rahmen des § 35 Abs. 3 Satz weitgehend über die Ebene der Flächennutzungsplanung gesteuert, „verschiebt" sich die Steuerung der Ausweisung nun auf die Ebene der Regionalplanung.

Dabei wird sich in der Praxis zeigen, welcher Umgang mit bestehenden Ausweisungen auf Flächennutzungsplanebene erfolgt. Das WindBG trifft hierzu verschiedene Regelungen. Entsprechend der Möglichkeit des WindBG, dass kommunale Teilflächenziele festgelegt werden können, sind Aus-

---

43 Amtsblatt Nr. 7 für Mecklenburg-Vorpommern 2023 (VV Meckl.-Vorp. Gl.-Nr. 230 – 5), S. 97 ff.

44 Zu Fällen ohne gesetzliche Grundlage: Raschke, Die Windenergieerlasse der Länder, in: Müller/Kahl, Energiewende im Föderalismus, S. 261 ff. (282 ff.).

weisungen in Flächennutzungsplänen in § 2 Nr. 1 WindBG prinzipiell auch als Windenergiegebiete im Sinne des WindBG definiert. Eine „doppelte" Anrechnung, bei Übernahme dieser Gebiete auf Ebene der Regionalplanung schließt § 4 Abs. 1 Satz 2 WindBG aus. Nach § 5 Abs. 1 Satz 1 WindBG 1. Hs. stellt der Planungsträger in dem Beschluss über den Plan fest, dass der Plan mit den Flächenbeitragswerten oder mit den Teilflächenzielen nach § 3 Absatz 2 Satz 1 Nummer 2 oder Satz 2 im Einklang steht.

Die Regionalplanung wird im Rahmen des Gegenstromprinzips aus § 1 Abs. 3 ROG die Ausweisungen auf Flächennutzungsplanebene berücksichtigen. Explizit spricht insbesondere NRW davon, „geeignete" Planungen zu berücksichtigen.[45]

Das WindBG sieht in § 5 Abs. 1 Satz 3 WindBG auch die Möglichkeit vor, Flächen anzurechnen, die keine Windenergiegebiete sind, wenn diese im Umkreis von einer Rotorblattlänge um eine Windenergieanlage liegen und der jeweilige Planungsträger dies in seinem Beschluss nach § 5 Absatz 1 WindBG feststellt.

VII Fazit

Die Neuregelungen zum Planungsrecht der Windenergie fordern die Bundesländer heraus, diese sind jedoch auf dem Wege, die Herausforderungen anzugehen. Die bisherigen Abstandsregelungen der Bundesländer auf Grundlage der Länderöffnungsklausel des BauGB werden (zunächst) noch aufrecht erhalten, finden aber entsprechend der Vorgabe des BauGB keine Anwendung auf Flächen in Windenergiegebieten gemäß § 2 Nummer 1 des Windenergieflächenbedarfsgesetzes. Bayern geht dabei weiterhin einen Sonderweg, da die dortigen Abstandsregelungen in den Art. 82 ff. BayBO komplex gestaltet wurden.

Die Bundesländer setzen zur Erfüllung ihrer Pflichten aus dem WindBG deutlich auf die Regionalplanung. Soweit schon ersichtlich, bedient sich nur das Saarland der Möglichkeit kommunale Teilflächenziele festzulegen.

Es zeigt sich, dass einige Bundesländer anstreben, bereits zum 1. Stichtag des WindBG (31. Dezember 2027) die Flächenbeitragswerte des 2. Stichtags (31. Dezember 2032) zu erreichen.

---

45 Pressestelle des Ministeriums für Wirtschaft, Industrie, Klimaschutz und Energie NRW, Pressemitteilung vom 07.03.2023, im Internet unter https://www.wirtschaft.nrw/nordrhein-westfalen-will-bereits-2025-insgesamt-18-prozent-der-landesflaeche-fuer-windenergie Zugriff am 17.04.2023.

Einige Bundesländer geben dabei für jede Region gleiche Ziele vor, andere sehen unterschiedliche Ziele für die Regionen vor. Einige Bundesländer, die gleiche Ziele für ihre Regionen vorgeben, sehen im Rahmen der Landesregelungen vor, dass die Regionen untereinander „Kompensationsvereinbarungen" treffen können. Auf den ersten Blick zeigt sich insgesamt, dass die Bundesländer im Rahmen der Energie- und Klimakrise den „Ball" des Bundesgesetzgebers aufgreifen und aktiv werden um dazu beizutragen, dass das bundesweite 2%-Flächenziel erreicht werden kann. Es bleibt abzuwarten, welche rechtlichen Hürden und Anpassungserfordernisse in den Gesetzen und Plänen sich noch zeigen werden und ob auch die Anzahl der erteilten Genehmigungen für Windenergieanlagen den planerischen Ausweisungen in hinreichendem Maße folgt.

Neuregelungen für Windenergieanlagen – Rechtsschutzaspekte

Von Prof. Dr. Christian-W. Otto

I Einleitung

Die Nutzung der Windenergie für die Erzeugung von Strom ist ein zentrales Anliegen der gegenwärtigen Koalition. Nach der Abschaltung der letzten drei Atomkraftwerke in Deutschland sind nicht nur die Versorgung der Nation mit Strom, sondern auch deren preisgünstige Beschaffung von zentraler energie- und umweltpolitischer Bedeutung. Der Ausbau der Windenergieanlagen an Land muss daher stark beschleunigt werden. Dies ist kein deutsches Anliegen. Mit der am 30.12.2022 in Kraft getretene Ratsverordnung (EU) 2022/2577 für einen beschleunigten Ausbau der Nutzung erneuerbarer Energien wurde auf Unionsebene eine Grundlage geschaffen, um Genehmigungsverfahren für Erneuerbare-Energien-Anlagen zu beschleunigen. Diese sog. Notfall- oder Dringlichkeits-VO bietet den Mitgliedsstaaten die Grundlage für nationale Regelungen, um von unionsrechtlichen vorgegebenen Umwelt-, FFH-Verträglichkeits- sowie Artenschutzprüfungen bei der Zulassung Projekten für die Errichtung von Anlagen zur Nutzung erneuerbarer Energien, bei Speicheranlagen und bei Netzen abzuweichen.[1] Der Bund hat von diesen Möglichkeiten mit dem Gesetz zur Änderung des Raumordnungsgesetzes und anderer Vorschriften (ROGÄndG) vom 22. März 2023 Gebrauch gemacht.[2]

Kurz zuvor hatte der Bund mit dem Gesetz zur Erhöhung und Beschleunigung des Ausbaus von Windenergieanlagen an Land (sog. Wind-an-Land-Gesetz) dem beschleunigten Ausbau von Windenergieanlagen den Weg bereitet. Das Gesetz wurde am 28. Juli 2022 im Bundesgesetzblatt (BGBI. I S. 1353) verkündet und trat am ersten Tag des siebten auf die Verkündung folgenden Monats in Kraft (Artikel 5 des Gesetzes), also am 1. Februar 2023. Durch das Gesetz wird den Ländern zur Vorgabe gemacht, Flächen für die Windenergienutzung auszuweisen, so dass dadurch 2 Prozent

1 Dazu Schlacke/Thierjung, Im Dschungel der Beschleunigungsgesetzgebung zum Ausbau von erneuerbaren Energien: EU-Notfall-VO, § 6 WindBG und RED III und IV, DVBl 2023, 635 ff.

2 BGBl. I Nr. 88 vom 28.03.2023.

der Bundesfläche für die Windenergie an Land zur Verfügung stehen werden. Geregelt ist dies im Windenergieflächenbedarfsgesetz (WindBG). Danach müssen die Länder bestimmte "Flächenbeitragswerte" erzielen, damit bis Ende des Jahres 2027 1,4 Prozent und bis Ende 2032 zwei Prozent der Bundesfläche für Windkraftanlagen ausgewiesen sind. Diese Werte sind aus den Ausbauzielen des Erneuerbare-Energien-Gesetzes abgeleitet. Sie passen zu dem energiewirtschaftlichen Flächenbedarf für die Nutzung der Windenergie. Parallel dazu ist die überkommene Windflächenplanung auf der Grundlage des § 35 Abs. 3 Satz 3 BauGB abgelöst worden. Erforderlich ist nun eine sog. Positivplanung, da gem. § 249 Abs. 1 BauGB § 35 Abs. 3 Satz 3 BauGB auf Windenergieanlagen im Sinne von § 35 Abs. 1 Nr. 5 BauGB nicht mehr anzuwenden ist. Zudem richtet sich gem. § 249 Abs. 2 Satz 1 BauGB die Zulässigkeit dieser Anlagen außerhalb der Windenergiegebiete gem. § 2 Nr. 1 WindBG in einem Land nach § 35 Abs. 2 BauGB, wenn das Erreichen eines in Anlage 1 des Windenergieflächenbedarfsgesetzes bezeichneten Flächenbeitragswerts des Landes gemäß § 5 Abs. 1 oder Abs. 2 WindBG festgestellt wurde.

Die Bundesregierung hat sich mit diesen Beschleunigungsversuchen nicht zufriedengegeben. Das federführende BMWK hat eine sog. Windenergie-an-Land-Strategie erarbeitet[3] und am 22. März 2023 zur Diskussion gestellt. Vorgeschlagen werden darin Maßnahmen in zwölf Handlungsfeldern. Vorgesehen ist u. a., die Bereitstellung von Flächen für die Errichtung von Windenergieanlagen zu beschleunigen und zu vereinfachen. So soll den Kommunen ermöglicht werden, insbesondere in der Nähe von Gewerbe und Industriegebieten zusätzliche Flächen für Windenergieanlagen auszuweisen. Flächen „mit geringem Konfliktpotenzial“ (z. B. entlang von Autobahnen, Schienen oder um Industrie- und Gewerbegebiete) sollen als gesetzlich privilegierte Standorte definiert werden. In bereits ausgewiesenen Windgebieten sollen die Prüfungen in Bezug auf das Natur- und Artenschutzrecht standardisiert werden. Diskutiert wurden diese Vorschläge auf dem sog. „Windgipfel“, zu dem der Bundeswirtschaftsminister für den 22. März 2023 und den 23. Mai 2023 Vertreter der Länder, der

3 Abrufbar unter https://www.bmwk.de/Redaktion/DE/Pressemitteilungen/2023/03/20230322-erster-windgipfel-habeck-beraet-mit-breitem-akteurskreis-ueber-prioritaeten-beim-windausbau.html.

Bundesministerien, der Verbände, der kommunalen Spitzenverbände und der Gewerkschaften eingeladen hatte.[4]

Fragen des Rechtsschutzes spielten in dieser Strategie keine Rolle. Die Bundesregierung hatte durch den Entwurf eines Gesetzes zur Beschleunigung von verwaltungsgerichtlichen Verfahren im Infrastrukturbereich[5] zu erkennen gegeben, dass sie die Gesetzeslage, auch die Änderungen durch das Gesetz zur Beschleunigung von Investitionen vom 3. Dezember 2020[6] für unzureichend hält. Die Verwaltungsgerichtsordnung (VwGO) ist folglich durch das Gesetz zur Beschleunigung von verwaltungsgerichtlichen Verfahren im Infrastrukturbereich vom 14. März 2023 erneut geändert worden.[7] In diesem Beitrag wird auf die jüngeren Änderungen nur am Rande eingegangen. Abgestellt wird auf die Bedeutung der Änderungen im materiellen Planungsrecht für den Rechtschutz. Dafür sind die Unterschiede der Rechtsschutzbegehren in den Blick zu nehmen.

II Rechtsschutz in Windkraftsachen

Vielfach werden Rechtsstreitigkeiten geführt, weil ein Windenergieanlagenbetreiber seinen (vermeintlichen) Anspruch auf Erteilung einer Genehmigung für die Errichtung und den Betrieb von Windenergieanlagen durchsetzen will. Wird sein Genehmigungsantrag abgewiesen, wird seine Klage nach § 113 Abs. 5 VwGO erfolgreich sein, wenn der Genehmigungsantrag vollständig und die zur Genehmigung gestellte Anlage immissionsschutzrechtlich zulässig ist.[8] In diesen Verpflichtungsklagen sind alle Genehmigungsvoraussetzungen zu prüfen. Erleichterungen der Zulas-

---

4 Vgl. Bundesministerium für Wirtschaft und Klimaschutz (Hrsg.), Neue Dynamik für den Windausbau an Land – Pressemitteilung vom 25.03.2023, im Internet unter: https://www.bmwk.de/Redaktion/DE/Pressemitteilungen/2023/05/20230523-neue-dynamik-beim-wind-ausbau-an-land.html, Zugriff am 06.06.2023.

5 BT-Drucks. 20/5165; dazu Hofmann, Beschleunigung von Infrastrukturprojekten für den Klimaschutz durch schnelle Verwaltungsgerichtsverfahren? – Zur bedingten Tauglichkeit des Gesetzesprojektes, DVBl 2023, 643 ff.

6 dazu BVerwG, Beschl. vom 26.01.2022 – 7 AV 1/21.

7 BGBl. I Nr. 71 vom 20. März 2023.

8 § 113 Abs. 5 VwGO: „Soweit die Ablehnung oder Unterlassung des Verwaltungsakts rechtswidrig und der Kläger dadurch in seinen Rechten verletzt ist, spricht das Gericht die Verpflichtung der Verwaltungsbehörde aus, die beantragte Amtshandlung vorzunehmen, wenn die Sache spruchreif ist. Andernfalls spricht es die Verpflichtung aus, den Kläger unter Beachtung der Rechtsauffassung des Gerichts zu bescheiden."

sungsvoraussetzungen, etwa durch § 6 WindBG, verbessern die Erfolgsaussichten dieser Klagen.

Ist die Erteilung der Genehmigung des einen Investors Freud, kann sie des anderen Investors Leid sein. Verstärkte Turbulenzen durch die genehmigten Anlagen, die die Standsicherheit benachbarter Anlagen untergraben,[9] oder Abschattungen[10] der Neu-Anlagen können den Energieertrag von Bestandanlagen mindern.[11] Infolgedessen kann es zu Streitigkeiten zwischen den Betreibern von Windenergieanlagen kommen. In diesen Fällen ist eine Anfechtungsklage gegen eine erteilte Genehmigung nach § 113 Abs. 1 Satz 1 VwGO[12] nur erfolgreich, wenn durch die Genehmigung Vorschriften verletzt werden, die dem Schutz des klagenden Konkurrenten zu dienen bestimmt sind. Drittschützende Vorschriften können diejenigen über die Standsicherheit von baulichen Anlagen oder das Rücksichtnahmegebot als einem ungeschriebenen öffentlichen Belang im Sinne des § 35 Abs. 3 BauGB sein.[13]

Zu dem Kreis der in diesem Sinne nachteilig Betroffenen können auch Personen gehören, die sich durch die Errichtung und vor allem durch den Betrieb der Anlagen in ihren Rechten verletzt sehen. Dies sind Personen, die in der Nähe wohnen und den Einwirkungen der Anlagen vor allem durch deren Lärmimmissionen, dem Schattenwurf und den Lichtimmissionen ausgesetzt sind. Auch in diesen Verfahren sind Anfechtungsklagen gegen eine erteilte Genehmigung nur erfolgreich, wenn durch die Genehmigung drittschützende Vorschriften verletzt werden. Für die Lärmimmissionen sind dies die Richtwerte der TA Lärm,[14] für den Schattenwurf haben sich sachverständig erarbeitete Kriterien, dass der Schatten auf ein Wohnhaus nicht länger als 30 Minuten täglich und 30 Stunden im Jahr geworfen werden darf,[15] etabliert. Für die Zulässigkeit von Lichtimmissionen durch luftfahrtrechtlich erforderliche Hinderniskennzeichnung

9 OVG Berlin-Brandenburg, Beschl. v. 23.09.2021 – OVG 11 S 119/20; OVG Koblenz, Urt. v. 26.06.2018 – 8 A 11691/17.

10 Zum sog. Windklau vgl. Luther: Verletzung des Rücksichtnahmegebots durch „Windklau“, NJW-Spezial 2019, 556 ff. und BVerwG, Beschl. v. 13.03.2019 – 4 B 39/18.

11 Vgl. OVG Berlin-Brandenburg, Beschl. v. 23.09.2021 – OVG 11 S 119/20.

12 § 113 Abs. 1 Satz 1 VwGO: „(1) Soweit der Verwaltungsakt rechtswidrig und der Kläger dadurch in seinen Rechten verletzt ist, hebt das Gericht den Verwaltungsakt und den etwaigen Widerspruchsbescheid auf.“

13 Vgl. BVerwG, Beschl. vom 13.03.2019 - 4 B 39.18.

14 OVG Münster, Urt. vom 24.02.2023 – 7 D 316/21.AK.

15 OVG Münster, Urt. vom 24.02.2023 – 7 D 316/21.AK.

gibt es hingegen keine Kriterien; diese Einwirkungen sind regelmäßig hinzunehmen.[16] Vielfach führen die Klagen von betroffenen Nachbarn jedoch nicht zur Aufhebung der Genehmigung. Werden zulässige Immissionsrichtwerte überschritten, wird der Genehmigungsinhaber vielmehr verpflichtet, durch Einschränkungen des Betriebs der Anlagen[17] rechtskonforme Zustände herzustellen. Der Schutzanspruch ist in Verfahren des einstweiligen Rechtsschutzes durch die Neuregelungen in § 80c VwGO weiter eingeschränkt. Nach § 80c Abs. 4 VwGO hat das Gericht bei der Vollzugsfolgenabwägung auch die Bedeutung von § 2 EEG zu berücksichtigen.

Wird eine Verletzung des Gebots der Rücksichtnahme unter dem Aspekt einer optisch bedrängenden Wirkung der Anlage geltend gemacht, ist § 249 Abs. 10 BauGB von Bedeutung. Danach steht der öffentliche Belang einer optisch bedrängenden Wirkung einer Windenergieanlage in der Regel nicht entgegen, wenn der Abstand von der Mitte des Mastfußes der Windenergieanlage bis zu einer zulässigen baulichen Nutzung zu Wohnzwecken mindestens der zweifachen Höhe der Windenergieanlage entspricht. Höhe im Sinne des Satzes 1 ist die Nabenhöhe zuzüglich Radius des Rotors.[18]

Zum Kreis der Drittbetroffenen kann auch die Standortgemeinde gehören. Diese kann gegen die unter Ersetzung des gemeindlichen Einvernehmens erteilte Genehmigung klagen, da sie durch die Genehmigung in ihrer Selbstverwaltungsgarantie bzw. Planungshoheit verletzt sein kann. Regelmäßig begründet die Gemeinde ihre Klage gegen die Genehmigung damit, dass die Ersetzung des von ihr versagten gemeindlichen Einvernehmens nach § 36 BauGB rechtswidrig sei. Nach § 36 Abs. 1 Satz 1 BauGB wird über die Zulässigkeit von Windenergieanlagen nach § 35 BauGB im Einvernehmen mit der Gemeinde entschieden. Das Einvernehmen der Gemeinde ist gem. § 36 Abs. 1 Satz 2 Halbsatz 1 BauGB auch erforderlich, wenn nach § 13 BImSchG über die Zulässigkeit der Windenergieanlage entschieden wird. Die in § 36 Abs. 1 Satz 1 BauGB vorgesehene Mitwirkung der Gemeinde dient der Sicherung der gemeindlichen Planungshoheit. Die Gemeinde soll als sachnahe und fachkundige Behörde dort, wo sie noch nicht geplant hat, oder dann, wenn ein Bauvorhaben von ihrer Planung abweicht, im Genehmigungsverfahren an der Beurteilung der bauplanungsrechtlichen

16 VGH Mannheim, Beschl. vom 19.06.2018 - 10 S 186/18.

17 Zur Leistungsreduzierung vgl. OVG Münster Urt. v. 16.5.2023 – 7 D 423/21.AK, BeckRS 2023, 11668 Rn. 81, beck-online.

18 Vgl. dazu OVG Münster, Urt. vom 15.12.2022- 7 D 301/21.AK – und vom 24.02.2023 – 7 D 316/21.AK.

Zulässigkeit des Vorhabens mitentscheidend beteiligt werden.[19] Da das gemeindliche Einvernehmen versagt werden darf, wenn die Voraussetzungen des § 35 BauGB nicht erfüllt sind, bedeutet eine Klage, die sich auf die rechtswidrige Ersetzung des gemeindlichen Einvernehmens durch die Erteilung der Genehmigung gem. § 36 Abs. 2 Satz 3 BauGB stützt, dass die planungsrechtliche Zulässigkeit des Vorhabens umfänglich geprüft wird, also nicht nur unter dem Aspekt der Verletzung solcher Vorschriften, die dem Schutz der kommunalen Planungshoheit dienen.[20] So kann die Gemeinde einen Verstoß gegen artenschutzrechtliche Verbote rügen, da diese Verbote nicht nur aus den Vorschriften des Naturschutzrechts folgen (§ 44 BNatSchG), sondern zugleich als Belange des Naturschutzes im Sinne des § 35 Abs. 3 Satz 1 Nr. 5 BauGB dem Vorhaben entgegenstehen können, wenn sie naturschutzrechtlich weder durch eine Ausnahme noch eine Befreiung überwunden werden können.[21] Die Gemeinde wird ihre Klage daher sowohl gegen die Genehmigung wie auch gegen die Ersetzungsentscheidung, die gegenüber der Gemeinde ein Verwaltungsakt ist, richten.[22] Da der Ersetzungsbescheid nicht eine Zulassungsentscheidung im Sinne des § 1 UmwRG (Umwelt-Rechtsbehelfsgesetz) ist,[23] kann die klagende Gemeinde mit ihrem Vortrag nicht gemäß § 6 Satz 1 UmwRG präkludiert werden.

Die Gemeinde kann die Ersetzungsentscheidung dementsprechend nicht nach den Vorschriften des Umweltrechtsbehelfsgesetzes angreifen. Klagen gegen die Genehmigung nach dem Umweltrechtsbehelfsgesetz sind im Deutschen Verwaltungsprozessrecht eine Besonderheit, weil sie unmittelbar dem Schutz der Umwelt dienen, nicht aber dem individuellen Schutz des Klägers. Daher sind nur Umweltverbände befugt, gegen erteilte Genehmigungen zu klagen, auch wenn sie durch die Genehmigung nicht in ihren eigenen Rechten verletzt sind.[24] Nach § 2 Abs. 4 Satz 1 UmwRG, die den § 113 VwGO verdrängt,[25] ist eine Klage begründet, soweit die Entscheidung gegen umweltbezogene Rechtsvorschriften verstößt, die für diese Entscheidung von Bedeutung sind und der Verstoß Belange berührt, die zu den

19 BVerwG, Urt. v. 19.08.2004 – 4 C 16.03.

20 BVerwG, Urt. v. 27.08.2020 - 4 C 1/19 -OVG Lüneburg, Teil-Urt. vom 02.09.2022 – 12 LA 56/22.

21 BVerwG, Urt. v. 27.06.2013 - 4 C 1.12.

22 OVG Lüneburg, Teil-Urt. vom 02.09.2022 – 12 LA 56/22.

23 OVG Lüneburg, Teil-Urt. vom 02.09.2022 – 12 LA 56/22.

24 OVG Münster, Urt. v. 01.03.2021 – 8 A 1183/18.

25 Vgl. Keller, Drittanfechtungen im Umweltrecht durch Umweltvereinigungen und Individualkläger, NVwZ 2017, 1080, 1082.

Zielen gehören, die die Vereinigung nach ihrer Satzung fördert. In den gerichtlichen Verfahren wird die Beachtung des gesamten materiellen Umweltrechts, das für die Genehmigung von Bedeutung ist, geprüft. Dazu gehören insbesondere der Artenschutz, die naturschutzrechtliche Eingriffsregelung und die Umweltverträglichkeitsprüfung.

Verstöße gegen die Verpflichtung zur Umweltverträglichkeitsprüfung oder Mängel einer Vorprüfung dürfen auch die von der Genehmigung betroffenen natürlichen und juristischen Personen, die keine Umweltverbände sind, geltend machen. Einzelne Bürger als natürliche Personen i.S.v. § 61 Nr. 1 VwGO bzw. § 4 Abs. 3 Nr. 1 UmwRG, wenn sie denn im Übrigen klagebefugt sind, können zur Begründung ihrer Klage auch geltend machen, dass Vorschriften über die Umweltverträglichkeit verletzt worden sind. Denn nach § 4 Abs. 1 Satz 1 UmwRG kann die Aufhebung einer Entscheidung über die Zulässigkeit eines Vorhabens nach § 1 Abs. 1 Satz 1 UmwRG verlangt werden, wenn eine nach den Bestimmungen des Umweltverträglichkeitsprüfungsgesetzes erforderliche Umweltverträglichkeitsprüfung nicht durchgeführt und nicht nachgeholt worden ist. Diese Vorschrift gilt nach § 4 Abs. 3 UmwRG für Rechtsbehelfe von Beteiligten nach § 61 Abs. 1 VwGO entsprechend. § 4 Abs. 3 UmwRG erweitert den Prüfungsumfang im Rahmen der Begründetheitsprüfung. Es kommt nach dieser Vorschrift nicht darauf an, dass die verletzte Verfahrensvorschrift der Gewährleistung eines subjektiven Rechts dient und dass dieser Fehler die Sachentscheidung beeinflusst haben könnte.[26]

III Neuregelungen im Prozessrecht

Die Neuregelungen aus den Jahren 2022 und 2023 mit Bezug zur Windenergienutzung wirken sich auch auf den Rechtschutz von Personen und Umweltverbänden (VwGO/UmwRG) aus. Die Verwaltungsgerichtsordnung ist durch das Gesetz zur Beschleunigung von Investitionen vom 3. Dezember 2020 (BGBl. I S. 2694) so geändert worden, dass nach § 48 Abs. 1 Nr. 3a VwGO das Oberverwaltungsgericht im ersten Rechtszug über sämtliche Streitigkeiten entscheidet, die die Errichtung, den Betrieb und die Änderung von Anlagen zur Nutzung von Windenergie an Land mit

26 BVerwG, Urt. vom 17.12.2013 – 4 A 1/13 –; Beschl. vom 22.12.2016 – 4 B 13/16 –; Beschl. vom 14.11.2018 – 4 B 12/18 –, OVG Schleswig, Urt. vom 28.11.2019 – 5 LB 3/19.

einer Gesamthöhe von mehr als 50 Metern betreffen.[27] Die Änderung der instanziellen Zuständigkeit erfasst jedoch gem. § 83 Satz 1 VwGO i.V.m. § 17 Abs. 1 Satz 1 GVG nicht die bei den Verwaltungsgerichten bereits anhängigen Verfahren.[28] Zur wesentlichen Beschleunigung soll auch beitragen, dass Verfahren, in denen Anlagen zur Nutzung erneuerbarer Energien im Streit stehen, gem. § 87c VwGO „priorisiert" werden sollen.[29]

Das Bundesverwaltungsgericht hat auf die gestiegene Bedeutung der Genehmigungen und Planungen von Anlagen zur Nutzung erneuerbarer Energien und den Beschleunigungsregelungen im Prozessrecht reagiert, indem es im Laufe des Jahres 2023 einen neuen Senat einrichten wird, der sich mit Klagen gegen Vorhaben und Planungen im Energiebereich wie LNG-Terminals, Stromleitungen oder Windkraftanlagen befassen wird.[30] Das Bundesverwaltungsgericht reagiert damit auch auf den neu eingeführten § 188b VwGO, der die Möglichkeit schafft, für Angelegenheiten des Planungsrechts besondere Kammern oder Senate zu bilden (Planungskammern, Planungssenate). Das Bundesverwaltungsgericht zeichnet zugleich nach, was auf der Ebene der Oberverwaltungsgerichte bereits geschehen ist. So ist für Streitigkeiten um immissionsschutzrechtliche Genehmigungen von Windenergievorhaben beim Oberverwaltungsgericht Berlin-Brandenburg ein neuer 3a-Senat (Hilfssenat) zuständig.[31]

---

27 Dazu Hofmann, Beschleunigung von Infrastrukturprojekten für den Klimaschutz durch schnelle Verwaltungsgerichtsverfahren? – Zur bedingten Tauglichkeit des Gesetzesprojektes, DVBl 2023, 643 ff.

28 Vgl. BVerwG, Beschl. vom 26.01.2022 – 7 AV 1/21.

29 Eingeführt durch das Gesetz zur Beschleunigung von verwaltungsgerichtlichen Verfahren im Infrastrukturbereich vom 14. März 2023, BGBl. I Nr. 71 vom 20. März 2023.

30 Vgl. Legal Tribute Online (Hrsg.), BVerwG wird um zusätzlichen Senat erweitert, Stand: 09.03.2023, im Internet unter https://www.lto.de/recht/nachrichten/n/bverwg-neuer-senat-ausbau-energie-windkraft-lng/, Zugriff am 06.06.2023; Frankfurter Allgemeine Zeitung (Hrsg.), Noch keine Klagewelle wegen Energiewende, Stand. 09.03.2023, im Internet unter: https://www.faz.net/aktuell/wirtschaft/bundesverwaltungsgericht-sieht-noch-keine-klagewelle-wegen-energiewende-18736023.html, Zugriff am 06.06.2023.

31 Vgl. Oberverwaltungsgericht Berlin-Brandenburg Geschäftsverteilungsplan für das Geschäftsjahr 2023 (Stand: 1. März 2023).

IV Klagen gegen Pläne

Klagen im Zusammenhang mit der Windenergienutzung richten sich zum einen gegen die Genehmigungen[32] und zum anderen gegen Pläne, mit denen die Zulässigkeit von Windenergieanlagen gesteuert werden. Derartige Pläne sind auf der Ebene der Raumordnung die Regionalpläne und auf kommunaler Ebene die Flächennutzungspläne und die Bebauungspläne. Gegen Regionalpläne und Bebauungspläne kann nach § 47 VwGO geklagt werden. Dies entspricht dem normativen Charakter dieser Pläne, die als Landesverordnung[33] oder als Satzungen[34] erlassen werden. Diese Pläne können von den Betreibern von Windenergieanlagen, von Gemeinden im Geltungsbereich der Pläne und von Personen, die sich durch die ausgewiesenen Sondergebiete in ihrem Recht auf gerechte Abwägung ihrer Belange verletzt sehen, angegriffen werden.[35] Der Antragsteller muss schlüssig die Möglichkeit vortragen, dass er durch bestimmte Regelungen des raumordnungsrechtlichen Plans oder deren Anwendung, d. h. durch die nachfolgenden Genehmigungen, in seinem Recht auf ordnungsgemäße Abwägung seiner für die Planung beachtlichen Belange verletzt wird.[36]

An diesen Möglichkeiten ändert sich durch die materiellen Neuregelungen nichts. Auch die Windenergiegebiete im Sinne von § 2 Nr. 1 WindBG können dadurch beklagt werden, dass die Regionalpläne, in denen diese Gebiete ausgewiesen sind, mit der Normenkontrolle angegriffen werden. Gleiches gilt für deren Festsetzung in einem Bebauungsplan nach §§ 8 ff. BauGB. Bebauungspläne, in denen Sondergebiete für die Windenergienutzung festgesetzt werden, die zugleich Windenergiegebiete im Sinne des Windflächenbedarfsgesetzes sind, bleiben unverändert Gegenstand eines Normenkontrollantrags nach § 47 VwGO.

Anders verhält es sich mit dem Angriff gegen Flächennutzungspläne. Diese werden künftig nicht mehr möglich sein. Schon bisher ist eine Klage gegen Flächennutzungspläne nicht zulässig. Denn Flächennutzungspläne sind weder eine Satzung noch eine Verordnung noch eine sonstige Rechts-

---

32 S. o. zu II.

33 § 5 Absätze 1 und 11 des Landesplanungsgesetzes (LaplaG) Schleswig-Holstein.

34 Vgl. § 10 BauGB und § 2 Abs. 4 Satz 1 RegBkPlG Brandenburg, § 5 Abs. 5 Satz 1 Halbsatz 1 NROG.

35 Vgl. OVG Berlin-Brandenburg, Urt. vom 30.09.2021 – 10 A 20.19.

36 BVerwG, Beschl. vom 13.11.2006 – BVerwG 4 BN 18.06 –; OVG Berlin-Brandenburg, Urt. vom 25.10.2007 – OVG 10 A 2.06 –; Urt. vom 23.05.2019 – OVG 2 A 4.19 –; Beschl. vom 14.09.2010 – OVG 2 A 1.10 –; und Urt. vom 30.09.2021 – 10 A 20.19.

norm. Mangels Normcharakters können sie nicht beklagt werden. Gegenstand einer Klage kann jedoch eine Darstellung sein, wenn sie zugleich eine Ausschlusswirkung nach § 35 Abs. 3 Satz 3 BauGB erzeugen soll. Möglicher Gegenstand einer statthaften Normenkontrolle gemäß § 47 Abs. 1 Nr. 1 VwGO analog ist allein die in den Darstellungen des Flächennutzungsplans zum Ausdruck kommende planerische Entscheidung der Gemeinde, mit der Ausweisung von Flächen für privilegierte Nutzungen nach § 35 Abs. 1 Nr. 2 bis 6 BauGB die Ausschlusswirkung des § 35 Abs. 3 Satz 3 BauGB an Standorten außerhalb der ausgewiesenen Flächen eintreten zu lassen. Denn nur die Ausschlusswirkung, nicht aber die Ausweisung von Positivflächen entfaltet die einer Rechtsvorschrift vergleichbaren Wirkungen.[37] Es kann daher nur die Ausschlusswirkung eines Flächennutzungsplans beklagt werden. Auf die Ausschlusswirkung ist der Tenor zu begrenzen.[38] Denn das Normenkontrollgericht kann nur für unwirksam erklären, was statthafter Gegenstand einer Normenkontrolle sein kann. Auch bei seiner analogen Anwendung erlaubt § 47 Abs. 5 Satz 2 Halbs. 1 VwGO, den Tenor über die Feststellung der Unwirksamkeit der Ausschlusswirkung hinaus auf die Unwirksamkeit des gesamten Flächennutzungsplans zu erweitern.[39]

Prozessrechtlich bedeutsam ist, dass diese Ausschlusswirkung der Darstellung eines Flächennutzungsplans gem. §§ 249 Abs. 1 und § 245e BauGB wegfallen wird. Der Bundesgesetzgeber hat das bisherige Konzept für die Steuerung und Ermöglichung der Windenergienutzung mit dem Windenergie-Am-Land-Gesetz aufgegeben. So hat er in § 249 Abs. 1 BauGB bestimmt: *„§ 35 Absatz 3 Satz 3 ist auf Vorhaben nach § 35 Absatz 1 Nummer 5, die der Erforschung, Entwicklung oder Nutzung der Windenergie dienen, nicht anzuwenden.“* D. h., es dürfen keine Pläne mit einer Ausschlusswirkung nach § 35 Abs. 3 Satz 3 BauGB in Bezug auf die Windenergienutzung mehr aufgestellt werden. Diese Regelung gilt jedoch nur für die Aufstellung neuer Flächennutzungspläne.

Etwas anderes sieht die Rechtslage für bestehende Pläne aus. In § 245e Abs. 1 BauGB ist bestimmt, dass die Rechtswirkungen eines Raumord-

---

37 Vgl. BVerwG, Urt. vom 31.01.2013 - 4 CN 1.12.

38 So OVG Berlin-Brandenburg, Urt. vom 10.11.2015 - 10 A 7.13, OVG Lüneburg, Urt. vom 23.06.2016 - 12 KN 64/14, OVG Magdeburg, Urt. vom 09.12.2015 - 2 K 60/14 -; a.A. OVG Koblenz, Urt. vom 16.05.2013 - 1 C 11003/12, OVG Münster, Urt. vom 01.07.2013 - 2 D 46/12.NE, vom 22.09.2015 - 10 D 82/13.NE - und vom 06.12.2017 - 7 D 100/15.NE, VGH München, Urt. vom 23.02.2017 - 2 N 15.279, OVG Schleswig, Urt. vom 19.02.2015 - 1 KN 1/14.

39 Vgl. BVerwG, Urt. vom 16.04.2015 - 4 CN 2.14 - und Urt. vom 13.12.2018 – 4 CN 3/18.

nungs- oder Flächennutzungsplans gemäß § 35 Absatz 3 Satz 3 in der bis zum 1. Februar 2023 geltenden Fassung fortgelten, wenn der Plan bis zum 1. Februar 2024 wirksam geworden ist. Die bestehenden Flächennutzungspläne und auch die Pläne, die bis zum 1. Februar 2024 wirksam werden, dürfen noch eine Ausschlusswirkung besitzen. Diese kann also zunächst noch beklagt werden.

Allerdings gilt diese Ausschlusswirkung nicht unbegrenzt. Wird ein neuer Plan nach den Regeln des Windenergieflächenbeitragsgesetz aufgestellt, so tritt der neue Plan an die Stelle des alten Plans und löst damit auch die Ausschlusswirkung ab. Spätestens aber geht die Ausschlusswirkung bestehender Pläne gem. § 245e Abs. 1 Satz 2 BauGB mit Ablauf des 31. Dezember 2027 verloren. Dieser Verlust tritt auch ein, wenn ein neuer Plan nicht aufgestellt wurde. Ob der vom Gesetzgeber angeordnete Wegfall der Ausschlusswirkung kraft Gesetzes unionsrechtskonform ist, mag hier dahinstehen.[40] Mit dem Wegfall der Ausschlusswirkung nach Ablauf des 31. Dezember 2027 erledigen sich die Klagen gegen die Ausschlusswirkung, neue Klagen sind dann nicht mehr zulässig.

Die Wirksamkeit von Flächennutzungsplänen, in denen Windenergiegebiete gem. § 3 WindBG dargestellt sind und die für die Privilegierung von Windenergieanlagen nach § 249 Abs. 1 und 7 BauGB bedeutsam sind, erlauben weder Investoren noch Nachbarn Normenkontrollklagen gegen diese Pläne zu erheben.

Die gilt jedoch nicht für Normenkontrollverfahren nach dem Umwelt-Rechtsbehelfsgesetz (UmwRG). Gemäß § 2 Abs. 1 UmwRG kann eine nach § 3 UmwRG anerkannte inländische oder ausländische Vereinigung, ohne eine Verletzung in eigenen Rechten geltend machen zu müssen, Rechtsbehelfe nach Maßgabe der Verwaltungsgerichtsordnung gegen eine Entscheidung nach § 1 Abs. 1 Satz 1 UmwRG oder deren Unterlassen einlegen, wenn sie geltend macht, dass eine Entscheidung nach § 1 Abs. 1 Satz 1 UmwRG oder deren Unterlassen Rechtsvorschriften widerspricht, die dem Umweltschutz dienen und für die Entscheidung von Bedeutung sein können (Nr. 1). Der Verband muss zugleich geltend machen, in seinem satzungsmäßigen Aufgabenbereich der Förderung der Ziele des Umweltschutzes durch die Entscheidung nach § 1 Abs. 1 Satz 1 UmwRG oder deren Unterlassen berührt zu sein (Nr. 2). Weiter muss er darlegen, zur Beteiligung in einem

---

40 Kritisch Spannowsky, Beschleunigter Ausbau der Windkraft- und Photovoltaiknutzung und deren Folgen für die Raumordnungsplanung und Bauleitplanung, ZfBR 2023, 18 ff.

Verfahren nach § 1 Abs. 1 Satz 1 UmwRG berechtigt gewesen zu sein und sich hierbei in der Sache gemäß den geltenden Rechtsvorschriften geäußert zu haben oder, dass ihm entgegen den geltenden Rechtsvorschriften keine Gelegenheit zur Äußerung gegeben worden sei (Nr. 3).[41]

Bei einem Flächennutzungsplan handelt es sich um eine Entscheidung nach § 1 Abs. 1 Satz 1 Nr. 4a) UmwRG, nämlich um eine Entscheidung über die Annahme von Plänen und Programmen im Sinne von § 2 Abs. 7 UVPG und im Sinne der entsprechenden landesrechtlichen Vorschriften, für die nach Anlage 5 des Gesetzes über die Umweltverträglichkeitsprüfung eine Pflicht zur Durchführung einer Strategischen Umweltprüfung bestehen kann. Die Anlage 5 des Gesetzes über die Umweltverträglichkeitsprüfung nennt ausdrücklich in Ziffer 1.8 Bebauungspläne sowie Flächennutzungspläne, so dass Flächennutzungspläne grundsätzlich dem Anwendungsbereich des Umwelt-Rechtsbehelfsgesetzes unterfallen.[42] Deswegen ist nach den Vorschriften des UmwRG ein Normenkontrollverfahren analog § 47 Abs. 1 Nr. 1 VwGO statthaft.[43]

V Klagen gegen Genehmigung entprivilegierter Windenergieanlagen

Das neue System der Steuerung der Windenergienutzung durch die Positivplanung wirkt sich auch auf den Rechtsschutz aus, wenn die Genehmigung von Windenergieanlagen im Streit steht. Von besonderer Bedeutung sind die Voraussetzung für die Entprivilegierung der Windenergienutzung nach § 249 Abs. 2 BauGB bzw. für die Privilegierungen nach § 249 Abs. 1 und 7 BauGB. Ob die Zulässigkeit einer Windenergieanlage nach § 35 Abs. 1 Nr. 5 BauGB mit der besonderen Privilegierung nach § 249 Abs. 7 Nr. 2 BauGB, wonach Darstellungen in Flächennutzungsplänen, Ziele der Raumordnung sowie sonstige Maßnahmen der Landesplanung einem Windkraftvorhaben nicht entgegengehalten werden können, hängt davon ab, ob die Flächenbeitragswerte nach dem Windflächenbedarfsgesetz erreicht werden oder nicht. Diese Frage ist für Investoren, die Windenergieanlagen auf außerhalb von ausgewiesenen Vorranggebieten liegenden Flächen errichten wollen, von großer Relevanz. Denn machen sie geltend, dass ein Land seinen Flächenbeitragswert nicht erreicht hat, weil ein Plan die vorgesehene Größe der

41 Vgl. VGH München, Urt. vom 10.05.2021 – 2 N 19.1692.
42 Vgl. Fellenberg/Schiller in Landmann/Rohmer, Umweltrecht, § 1 UmwRG Rn. 99; Arndt, UPR 2018, 90.
43 Vgl. Decker, VBlBW 2018, 441; VGH München, Urt. vom 10.05.2021 – 2 N 19.1692.

Windenergiegebiete nicht erreicht hat, weil ein oder mehrere Pläne unwirksam sind, hat dies zur Folge, dass sich die Zulässigkeit ihres Vorhabens nicht nach § 35 Abs. 2 BauGB, sondern nach § 35 Abs. 1 Abs. 5 BauGB in Verbindung mit § 249 Abs. 7 Nr. 2 BauGB beurteilt wird, also besonders privilegiert ist.

Die Verknüpfung des Zulässigkeitsregimes mit der fristgemäßen und wirksamen Ausweisung von Windenergiegebieten kann folglich zu einer umfangreichen Inzidentkontrolle bestehender Pläne führen. Diese wird jedoch durch die mögliche Regionalisierung oder Kommunalisierung der Planungen gemäß § 3 Abs. 2 Satz 1 Nr. 2 oder Satz 2 WindBG begrenzt werden. Wird die Unwirksamkeit eines solchen Planes festgestellt, bleibt die in dem Plan ausgewiesenen Flächen gem. § 4 Abs. 2 WindBG für ein Jahr ab Rechtskraft der Entscheidung weiter auf den Flächenbeitragswert anrechenbar. Dadurch soll erreicht werden, dass die Pläne im ergänzenden Verfahren korrigiert werden können, ohne dass in dem hierfür erforderlichen Zeitraum die Rechtsfolge nach § 249 Absatz 7 BauGB eintritt. Erst nach Ablauf der Jahresfrist sind die ungültig ausgewiesenen Flächen nicht mehr anrechenbar, so dass Windenergieanlagen ab dann im gesamten Anrechnungsgebiet nach §§ 35 Abs. 1 Nr. 5 und 249 Abs. 7 BauGB privilegiert sind. Anrechnungsgebiet kann das gesamte Landesgebiet sein, wenn die Flächenbeitragswerte durch Ausweisung von Windenergiegebieten in einem einzigen Landesentwicklungsplan erreicht werden.

Haben der Landesgesetzgeber oder die oberste Planungsbehörde durch Ziele der Raumordnung jedoch gemäß § 3 Abs. 2 Satz 1 Nr. 2 oder Satz 2 WindBG bestimmt, dass die zur Erreichung der Flächenbeitragswerte notwendigen Flächen in regionalen oder kommunalen Plänen auszuweisen sind, berührt die Unwirksamkeit eines solchen Plans nur das jeweilige Plangebiet. Denn nach § 249 Abs. 7 Nr. 1 BauGB entfällt bei einem Nicht-Erreichen des Flächenbeitragswertes die Rechtsfolge des § 249 Abs. 2 BauGB. Handelt es sich bei diesem Wert um einen regionalen oder kommunalen Teilflächenwert, bleibt die Rechtsfolge des § 249 Abs. 2 BauGB nur in diesem Teilgebiet aus. Dort sind Windenergieanlagen außerhalb der fehlerhaft ausgewiesenen Windeignungsgebiete für die Dauer von einem Jahr weiterhin nach § 35 Abs. 2 BauGB zu prüfen, nach Ablauf dieser Frist aber nach § 35 Abs. 1 Nr. 5 BauGB.

VI Umweltrechtsbehelf bei Wegfall der Umweltverträglichkeitsprüfungspflicht nach § 6 Abs. 1 WindBG

Wie eingangs ausgeführt, hat der deutsche Gesetzgeber sehr rasch auf die Gestaltungsspielräume, die Art. 6 VO (EU) 2022/2577 eröffnet, reagiert, so dass durch Art. 13 des Gesetzes zur Änderung des Raumordnungsgesetzes und anderer Vorschriften (ROGÄndG) § 6 Abs. 1 WindBG geändert wurde. Danach ist vorgesehen, dass eine Umweltverträglichkeitsprüfungspflicht und eine artenschutzrechtliche Prüfung nach § 44 BNatSchG in einem Verfahren zur Entscheidung über einen Genehmigungsantrag für die Errichtung und den Betrieb von Windenergieanlagen nicht erforderlich ist, wenn die Anlage in einem zum Zeitpunkt der Genehmigungserteilung ausgewiesenen Windenergiegebiet nach § 2 Nr. 1 WindBG errichtet und betrieben werden soll.[44] Fraglich ist, ob durch den Wegfall der UVP-Pflicht auch der Rechtsschutz nach dem Umweltrechtsbehelfsgesetz berührt wird. Denn der Rechtsschutz nach diesem Gesetz knüpft gem. § 1 Abs. 1 Nr. 1 UmwRG an die UVP-Pflicht der Zulassungsentscheidung an. Allerdings wird in § 1 Abs. 1 Nr. 1 UmwRG auf die UVP-Pflicht nach dem UVPG abgestellt. Diese Pflicht bleibt auch nach der Neuregelung in § 6 Abs. 1 WindBG bestehen. Der Gesetzgeber hat nicht das UVPG geändert, sondern mit § 6 Abs. 1 WindBG eine Ausnahme von der UVP-Verpflichtung nach dem UVPG geschaffen. Folglich berührt der Wegfall der UVP-Pflicht nach § 6 Abs. 1 WindBG nicht die Klagemöglichkeiten nach dem UmwRG.

Abgesehen davon bleiben Umweltrechtsbehelfe nach § 1 Abs. 1 Nr. 5 UmwRG von dem Wegfall der UVP-Pflicht nach § 6 Abs. 1 WindBG unberührt. Wird angenommen, dass durch § 6 Abs. 1 WindBG die UVP-Pflicht im Sinne von § 1 Abs. 1 Nr. 1 UVPG entfällt, so handelt es sich bei den Zulassungen von Windenergieanlagen regelmäßig um Verwaltungsakte, durch die andere als in den Nummern 1 bis 2b genannte Vorhaben unter Anwendung umweltbezogener Rechtsvorschriften des Bundesrechts, des Landesrechts oder unmittelbar geltender Rechtsakte der Europäischen Union zugelassen werden.

Im Übrigen können die Klagen der Umweltverbände darauf gestützt werden, dass es nicht zu einem Wegfall der Umweltverträglichkeitsprüfungspflicht gem. § 6 Abs. 1 WindBG im Genehmigungsverfahren gekommen ist.

44 Vgl. dazu Schlacke/Thierjung, Im Dschungel der Beschleunigungsgesetzgebung zum Ausbau von erneuerbaren Energien: EU-Notfall-VO, § 6 WindBG und RED III und IV, DVBl 2023, 635 ff.

Es wird in diesen Verfahren wiederum zu einer umfangreichen Inzidentkontrolle des Windenergiegebiets nach § 2 Nr. 1 WindBG kommen. Denn der Wegfall der UVP-Pflicht hängt davon ab, dass bei der Ausweisung von Windenergiegebieten eine Umweltprüfung nach § 8 ROG oder § 2 Abs. 4 BauGB ordnungsgemäß durchgeführt wurde und der Plan wirksam ist. Sind diese Pläne mangelhaft, hätte die Klage Erfolg. Allerdings ist dann eine Fehler-Heilung gem. § 4 UmwRG auf der Ebene des Genehmigungsverfahrens möglich, die UVP wäre nachzuholen.

VII Zusammenfassung

Der europäischen und deutschen Gesetzgeber sind in einer selten zu beobachtenden Aktivität unterwegs, um den Bau von Anlagen zur Nutzung erneuerbarer Energien zu beschleunigen. Die große Zahl an Neuregelungen und die Abkehr von etablierten Planungsmöglichkeiten machen es schwer, die Rechtslage sicher zu beschreiben. Dass auch die Rechtsschutzverfahren von diesen Änderungen betroffen sind, versteht sich. Durch die Beschleunigungsregelungen im Planungsrecht verändern sich die Streitgegenstände. Insbesondere wird mit Interesse zu verfolgen sein, wie die Rechtmäßigkeit von Windenergiegebieten nach § 2 WindBG beurteilt wird. Dafür wird bedeutsam sein, ob und wie die Vereinfachungen im Planungsrecht, besonders auf der Grundlage des Gesetzes zur Änderung des Raumordnungsgesetzes und anderer Vorschriften (ROGÄndG) vom 22. März 2023 wirken werden.

Kolibri 360 GmbH
Ferdinand-Jühlke-Straße 7
99095 Erfurt, Deutschland
produktsicherheit@kolibri360.de